I0018290

René Feldvoß

Der Video Game Crash

Aufstieg und Fall einer Branche

Feldvoß, René: Der Video Game Crash: Aufstieg und Fall einer Branche. Hamburg, Bachelor + Master Publishing 2014
Originaltitel der Abschlussarbeit: Pong, Pac-Man und Co. Zu den Anfängen der Videospiele 1972-1983

Buch-ISBN: 978-3-95684-481-2
PDF-eBook-ISBN: 978-3-95684-981-7
Druck/Herstellung: Bachelor + Master Publishing, Hamburg, 2014
Covermotiv: © Kobes - Fotolia.com
Zugl. Universität Hamburg, Hamburg, Deutschland, Bachelorarbeit, 2012

Bibliografische Information der Deutschen Nationalbibliothek:
Die Deutsche Nationalbibliothek verzeichnet diese Publikation in der Deutschen Nationalbibliografie; detaillierte bibliografische Daten sind im Internet über http://dnb.d-nb.de abrufbar.

Hermannstal 119k, 22119 Hamburg
http://www.diplomica-verlag.de, Hamburg 2014
Printed in Germany

Inhaltsverzeichnis

Einleitung

„Spielen heißt "so tun als ob", wobei Körper und Geist gefordert und geformt werden."[1], so beschreibt Jürgen Berndt in seinem 2005 erschienenem Band „Bildschirmspiele. Faszination und Wirkung auf die heutige Jugend" den Begriff des Spielens. Spielen bedeutet also so zu tun, als ob das im Spiel simulierte und erlebte Geschehen die Realität wäre. Dies gilt nicht nur für die frühesten Formen kindischen Spielens, wie etwa dem „Cowboy und Indianer"-Spiel, sowie jeglicher Art von Brett- und Gesellschaftsspielen, sondern auch für die Bildschirmspiele der Unterhaltungsbranche, von denen im Folgenden die Rede sein wird.

Doch was genau versteht man eigentlich unter einem „Videospiel"? Besonders in den Anfangstagen der kommerziellen Verbreitung von Videospielen kursierten eine Vielzahl unterschiedlichster Bezeichnungen, die auch unter den zeitgenössischen Fachleuten mitunter für Verwirrung sorgten. So wurden oftmals verschiedenste Geräte mit den Begriffen „Telespiel", „Bildschirmspiel", „Konsolenspiel", „Heimkonsole" oder „Computerspiel" versehen, ohne eine hinreichende Definition mitzuliefern. In der Regel fassten diese Bezeichnungen sämtliche elektronischen Spielgeräte zusammen, die entweder über einen eigenen, eingebauten Bildschirm verfügten, oder an einen solchen angeschlossen werden konnten. Mitunter fielen aber auch Computer, deren Primärzweck nicht das Spielen war, sowie diverse andere Elektronikspielzeuge, die dem Spieler nicht die Möglichkeit zur aktiven Gestaltung des Spielgeschehens boten, in diese Kategorie. Gleichwohl werden all diese Beschreibungen unter dem Oberbegriff „Videospiele" hinreichend zusammengefasst.

Im Folgenden wird hauptsächlich von „Arcade-Automaten", „Videospielkonsolen" und „Homecomputern" die Rede sein, weshalb eine klare Definition der Begriffe erforderlich scheint.

„Arcade-Automaten" (oftmals auch einfach nur „Arcades" genannt) sind diejenigen Geräte, die sowohl Hard- als auch Software, sowie sämtliche Bedienelemente und Bildschirme in einem Apparat vereinen. Die Software ist hierbei fest installiert und unabänderlich. Ihre Bedienung kann erst nach getätigtem Münzeinwurf erfolgen, weshalb sie auch nahezu ausschließlich in Spielhallen (engl. „Arcades") zu finden sind und daher in Deutschland, seit einer Änderung des Jugendschutzgesetzes von 1985, nur Erwachsenen Personen zugänglich sind.[2]

Unter „Videospielkonsolen" sind all jene Geräte zusammengefasst, die an einen Fernseher

1 Siehe Berndt, Jürgen, Bildschirmspiele. Faszination und Wirkung auf die heutige Jugend, Münster 2005, S. 20.

2 Ebd., S. 35.

angeschlossen werden und über austauschbare Spiele (Module oder auch „Cartridges" genannt) verfügen. Die Konsole ist, im Gegensatz zum Computer, ausschließlich zum Spielen vorgesehen und ihre Hardware (die Konsole) ist jeweils nur mit der Software des eigenen Systems kompatibel.[3] Der „Homecomputer" schließlich ist ein „Hybrid" aus Spielkonsole und PC. Vorrangig wurde er von vielen Käufern zum Spielen genutzt, jedoch konnten mit ihm auch Kalkulations- und Textverarbeitungsprogramme durchgeführt werden. Ein weiterer Vorteil gegenüber den Videospielkonsolen war die Tatsache, dass man auf einem Homecomputer eigene Programme programmieren konnte. Ebenso verfügten die Homecomputer im Allgemeinen über eine höhere Rechenleistung als die reinen Spielkonsolen.[4] Mit der zunehmenden Verbreitung des PC´s verloren die Homecomputer im Laufe der 1990er Jahre zunehmend an Bedeutung und sind mittlerweile vollständig vom Markt verschwunden.

Den Ursprung der Videospiele einem bestimmten Zeitpunkt oder gar Urheber zuzuschreiben fällt schwer. Sicherlich kann das 1958 von dem Physiker William Higinbotham auf einem Oszillographen entwickelte „Tennis for Two" als „Urvater" aller Videospiele angesehen werden. Anlässlich eines Tages der offenen Tür am Brookhaven National Laboratory (BNL) baute Higinbotham einen Oszillographen so um, dass eine vertikale Linie in der Mitte des Bildschirms ein Tennisnetz simulierte und ein leuchtender Punkt als Spielball diente, den man mittels einer drehbaren Skala und eines Knopfes auf die andere Seite des Netzes schleudern konnte.[5] Diese Konstruktion war jedoch nicht mehr als eine technische Spielerei, um den Besuchern die Leistungsfähigkeit der Geräte des Forschungszentrums zu zeigen. Zudem war das Spiel lediglich nur einem minimalen Kreis an Menschen zugänglich (nämlich den Besuchern des Forschungszentrums) und Higinbotham dachte nicht im Entferntesten daran von seiner Entwicklung finanziell zu profitieren, weswegen er auch nie ein Patent hierfür anmeldete. Der Forscher, der während des Zweiten Weltkrieges an der Entwicklung der Radar-Technologie und des elektronischen Zündmechanismus der ersten Atombombe beteiligt war, konstruierte das Spiel einzig und allein aus Spaß und um den Besuchern des BNL ein wenig Heiterkeit zu verschaffen.[6]

Der deutschstämmige Fernsehtechniker Ralph Baer hatte bereits Anfang der 1960er Jahre die Idee, elektronische Spiele auf den heimischen Fernsehschirm zu bringen und meldete 1966 schließlich ein Patent hierfür an. Sein damaliger Arbeitgeber, die amerikanische Militärtechnologiefirma Sanders, sah Baers Ideen jedoch nur als Zeitverschwendung an und versprach sich von dem Projekt

3 Siehe Berndt, Jürgen, Bildschirmspiele, Münster 2005, S. 36.

4 Ebd., S. 37.

5 Ebd., S. 45-46.

6 Vgl. Huff, Hartmut, Das grosse Handbuch der Video-Spiele, München 1983, S. 9.

auch keinerlei finanziellen Erfolg. Erst als das Patent 1970 an Magnavox, eine Tochterfirma des niederländischen Elektronikkonzerns Philips, fiel, wurde das Potenzial von Baers Entwicklung erkannt. Schließlich kam 1972 die erste Videospielkonsole für die eigenen vier Wände auf den Markt, die „Magnavox Odyssey", welche im Prinzip das gleiche Spielkonzept wie „Tennis for Two" bot. Ein großer kommerzieller Erfolg blieb ihr jedoch vorerst versagt. Als Patentinhaber führte Magnavox in den 1970er Jahren mehrere Prozesse gegen Unternehmen der aufstrebenden Videospielbranche, an deren Ende Lizenzzahlungen für die Entwickler der ersten Heimkonsole standen.[7]

Als weiterer Meilenstein in der Entwicklung der Videospiele ist wohl „Spacewar" von 1962 zu nennen. Der Informatik-Professor Steve Russell programmierte das Spiel, in dem sich zwei Raumschiffe im All duellierten, auf einem 8 Millionen Dollar teuren Computer der University of Utah. Auch dieses Spiel war zwar nur einem kleinen Kreis von Spielern zugänglich, jedoch hinterließ es bei dem jungen Studenten Nolan Bushnell einen bleibenden Eindruck, der knapp zehn Jahre später die Firma Atari gründen sollte.[8]

Mit der Gründung Ataris im Jahr 1972 begann auch die Zeit der Kommerzialisierung der Videospiele. Die anfänglichen technischen Spielereien erlangten Serienreife und verbreiteten sich im rasanten Tempo in Nordamerika und Westeuropa sowie Japan. Aus der „Zeitverschwendung" erwuchs binnen weniger Jahre ein Multi-Milliarden-Dollar-Business, das Millionen von Menschen in seinen Bann zog.

Im Folgenden soll die Entwicklung der Branche von ihren Anfängen 1972 bis hin zum „Video Game Crash" im Jahre 1983 detailliert aufbereitet und hinsichtlich ihrer wirtschaftlichen Bedeutung untersucht werden. Dabei wird vor allem zu klären sein, welche Ursachen zum Niedergang der nordamerikanischen Videospielindustrie zu Beginn der 1980er Jahre führten und welche Folgen sich hieraus für die japanischen Anbieter, sowie dem Markt für Homecomputer ergaben.

Weiterhin werden die Beziehungen zwischen Videospielen und der zeitgenössischen Popkultur, sowie deren Rezeption in der Öffentlichkeit näher beleuchtet. Darüber hinaus drangen Computer in den frühen 1980ern auch immer mehr in den Arbeitsalltag der Menschen ein, wodurch sie allgegenwärtig wurden und nicht mehr nur einem kleinen Zirkel von Wissenschaftlern und Studenten zugänglich waren.

---

7 Vgl. Forster, Winnie, Spielkonsolen und Heimcomputer 1972-2009, Utting 2009, S. 11-12.

8 Siehe Huff, Hartmut, Das grosse Handbuch der Video-Spiele, München 1983, S. 9.

Die Entwicklung der Arcade-Automaten bis 1983

Die frühen Erfolge der Arcade-Videospiele sind vor allem mit dem Namen Atari verbunden. Nolan Bushnell, ein Ingenieur für Elektrotechnik, gründete das Unternehmen am 27. Juni 1972 mit einem Startkapital von 500 Dollar.[9] Den Namen für seine Firma entlieh er dem japanischen Brettspiel „Go", wo der Ausdruck für die Androhung eines siegreichen Zuges, ähnlich dem „Schach" beim Schachspiel steht.[10] So ist es auch nicht allzu verwunderlich, dass er als Firmenlogo eine stilisierte Form des Berges Fuji wählte.

Der Firmengründung ging ein Engagement Bushnells bei „Nutting Associates" voraus, die es ihm ermöglichten ein Arcade-Spiel zu entwickeln, das von seiner Machart her nahezu eine Kopie von Steve Russells „Spacewar" von 1962 war. Die Automaten fanden zwar eine weitreichende Verbreitung in Spielhallen und Bars der USA, der Erfolg blieb jedoch aus. Den meisten Spielern war die Spielmechanik zu kompliziert und um sein Raumschiff mittels verschiedener Schubregler, unter Berücksichtigung von Gravitationskräften, einigermaßen souverän über den Schwarz-Weiß-Bildschirm zu manövrieren war eine nicht unerhebliche Einarbeitungszeit vonnöten. Doch bei einem Spiel, das nur durch einen Münzeinwurf zu starten war und nur so lange andauerte bis das Raumschiff des Spielers von seinen Gegnern vernichtet wurde, überwog die Frustration den von vielen als zu kurz empfundenen Spielspaß.[11]

Doch Bushnell ließ sich von diesem Rückschlag keineswegs entmutigen, sondern erkannte den Fehler seines Spiels schnell. Anstatt komplexer Weltraumsimulationen, die trotz der Zukunftseuphorie der frühen 1970er Jahre, auch nur ein begrenztes Zielpublikum ansprachen, musste ein erfolgreiches Videospiel über sofort begreifbare Regeln verfügen, die sich am besten durch das Spiel selbst erklärten. Der Spielspaß musste sich für jeden gleich beim ersten Spielen einstellen, ohne dass man gezwungen war vorher unzählige Münzen zum Erlernen der Spielmechanik einzuwerfen. Allerdings sollte sich der Spielspaß kontinuierlich steigern, je öfter man spielte, um sich somit nach und nach die Feinheiten des Spiels anzueignen und das eigene Spiel zu perfektionieren.[12]

9 Vgl. Bertelmann, Andreas, Auf Ataris Spuren. Zurück in die Vergangenheit, zurück nach Sunnyvale (Teil 1), in: Retro - Das Kulturmagazin für Computer, Videospiele und mehr, 11 (Frühling 2009), S. 16-21, hier: S. 16.

10 Vgl. Forster, Winnie, Spielkonsolen und Heimcomputer, Utting 2009, S. 12.

11 Siehe Huff, Hartmut, Das grosse Handbuch der Video-Spiele, München 1983, S. 9.

12 Vgl. Berndt, Jürgen, Bildschirmspiele, Münster 2005, S. 47.

Der große Wurf gelang Bushnell schließlich ein Jahr später mit der Entwicklung und Vermarktung des ersten kommerziell erfolgreichen Videospiels „Pong".

Die Idee zu diesem simpelsten aller elektronischen Bildschirmspiele dürfte ganz klar Higinbothams „Tennis for Two" entliehen worden sein. Am linken und rechten Rand des schwarzen Bildschirms befand sich jeweils ein weißer Balken, der sich mittels eines Drehreglers auf und ab bewegen ließ. Ziel des Spiels war es, einen weißen Ball im Spiel zu halten, indem man verhinderte, dass er den Bildschirmrand hinter dem eigenen Balken (Schläger) erreichte.[13]

Dieses einfache Spielprinzip erwies sich als durchschlagender Erfolg. Innerhalb kürzester Zeit verbreiteten sich die Pong-Automaten in ganz Nordamerika und brachten ihren Käufern volle Münzschächte ein, die mehrmals täglich geleert werden mussten. Doch noch mehr lohnte sich das Geschäft für Atari. Die Herstellung eines Pong-Automaten kostete zwischen 300 und 400 Dollar, verkauft wurde er für rund 1200 Dollar. So erwirtschaftete Atari 1973, ein Jahr nach Firmengründung, bereits einen Umsatz von 3,6 Millionen Dollar und legte damit den Grundstein für ein Geschäftsmodell, mit dem die Firma zehn Jahre später zwei Milliarden Dollar umsetzen sollte.[14]

Pong etablierte auch eine soziale Akzeptanz in der Öffentlichkeit, die Flipper- und ähnliche Unterhaltungsautomaten in den Jahren zuvor nie erreichen konnten. Videospiele waren plötzlich an allen möglichen öffentlichen Plätzen zu finden und wurden auch als Unterhaltungsautomaten akzeptiert.[15] So waren die Arcade-Automaten nicht nur in den namensgebenden Spielhallen, sondern unter anderem auch in Gaststätten und Eisdielen, Bahnhöfen, Betriebskantinen, Jugendheimen, Sportstätten oder Schwimmbädern zu finden.[16] Schnell entwickelten sich die Spielhallen zu beliebten Treffpunkten für Jugendliche und Videospiele zu einem wesentlichen Bestandteil der damaligen Jugendkultur.[17]

Ausgehend von „Pong" entstanden schnell Adaptionen anderer Sportarten wie Hockey oder Fußball, die jedoch vorerst lediglich Varianten des beliebten Vorbilds waren und im Prinzip dem Spieler nichts Neues boten. Die „Bälle" dieser Spiele waren mangels angemessener grafischer Darstellungsmöglichkeiten nichts weiter als Rechtecke, die über den Bildschirm flitzten.

Es folgten Videospielumsetzungen weiterer Sportarten wie Basketball, Golf und Autorennen, bis

13 Siehe Berndt, Jürgen, Bildschirmspiele, Münster 2005, S. 46.

14 Vgl. Lischka, Konrad, Spielplatz Computer. Kultur, Geschichte und Ästhetik des Computerspiels, Hannover 2002, S. 44.

15 Siehe Loftus, Elizabeth; Loftus Geoffrey R., Mind at play. The Psychology of Video Games, New York 1983, S. 7.

16 Vgl. Gernert, Wolfgang; Stoffers, Manfred, Das Gesetz zum Schutze der Jugend in der Öffentlichkeit. Kommentar, Hamm 1985, S. 118-119.

17 Siehe Berndt, Jürgen, Bildschirmspiele, Münster 2005, S. 38.

hin zu Simulationen mehrerer olympischer Disziplinen.[18] Atari brachte im Laufe des Jahres 1974 die ersten Renn- und Sportspiele auf den Markt, deren Realisierung erst durch die verbesserten grafischen Darstellungsmöglichkeiten möglich wurden.[19]

Entscheidend bei dieser Entwicklung waren die Fortschritte auf dem Gebiet der Mikrotechnologie. Bestanden die frühen Pong-Automaten noch aus von Hand verlöteten Platinen mit herkömmlichen Dioden und Kondensatoren, konnten auf Mikrochips viel komplexere Schaltkreise auf minimalem Raum untergebracht werden. Insbesondere der 8-Bit-Mikroprozesor 8080 der Firma Intel aus dem Jahre 1974 sollte die Entwicklung von grafisch immer komplexer werdenden Videospielen in den 1970er Jahren nachhaltig beeinflussen.[20]

Gerade in der Anfangszeit der Videospiele war die graphische Qualität der Spiele ein Spiegel ihrer Beliebtheit. Dies führte zu einem Innovationsdruck seitens der Hersteller, da Spiele schnell veralteten und dann nicht mehr gespielt wurden.[21] Ab Ende der 1970er wurde es auch möglich, durch die stetig fortschreitende Rechenleistung der Mikrochips, das Spielgeschehen auf mehr als nur die zur Verfügung stehende Bildschirmfläche auszudehnen.

Das sogenannte „Scrolling“ ermöglichte es den Programmierern die Hintergrundgrafik des Spiels horizontal oder vertikal mit der Spielfigur über den Bildschirm wandern zu lassen und so den Eindruck einer Spielwelt, die über den Bildschirmrand hinausgeht, entstehen zu lassen.[22]

Der erste Arcade-Automat, der das Bildschirmgeschehen farbig darstellte, war „Galaxian“ vom japanischen Hersteller Namco, welches 1979 erschien. Bis dahin wurde Farbe in Videospielen durch farbige Overlay-Folien erzeugt, die das schwarze oder weiße Signal, welches das Spiel auf den Bildschirm projizierte, entsprechend einfärbten.[23]

Doch nicht nur auf dem grafischen Sektor schritt die Entwicklung der Arcade-Automaten kontinuierlich voran. Bestanden die Bedienelemente der Arcade-Automaten anfangs noch aus den bereits erwähnten Drehreglern, wurden diese, den neuartigen Spielmechaniken geschuldet, schnell

---

18 Siehe Maaß, Jürgen; Pachinger Karin, Computerspiele - Einstieg in die Bildschirmwelt?, in: Maaß, Jürgen; Schartner Christian (Hrsg.), Computerspiele - (un)heile Welt der Jugendlichen?, München 1993, S. 11-24, hier: S. 13.

19 Vgl. Huff, Hartmut, Das grosse Handbuch der Video-Spiele, München 1983, S. 10.

20 Vgl. Fritz, Jürgen, Videospiele zwischen Faszination, Technik und Kommerz, in: Fritz, Jürgen (Hrsg.), Programmiert zum Kriegspielen. Weltbilder und Bilderwelten im Videospiel, Bon 1988, S. 70-92, hier: S. 77.

21 Vgl. Greenfield, Patricia Marks, Kinder und neue Medien. Die Wirkungen von Fernsehen, Videospielen und Computern, München 1987, S. 94.

22 Siehe Berndt, Jürgen, Bildschirmspiele, Münster 2005, S. 50-51.

23 Siehe Fust, Philipp, Die Evolution der Shoot'em Ups. Von Space Invaders bis DoDonPachi Dai-Fukkatsu, in: Retro - Das Kulturmagazin für Computer, Videospiele und mehr, 14 (Winter 2009/2010), S. 36-52, hier: S. 36.

von „Joysticks“ (ähnlich den Steuerknüppeln, die aus diversen Fluggeräten bekannt waren) und einem oder mehreren Funktionsknöpfen abgelöst. Als weitere Innovation führte Atari 1978 den sogenannten „Trackball“ ein, eine Kugel, die 360-Grad-Bewegungen ermöglichte und die Reaktionsgeschwindigkeit der Spielfiguren für den Spieler viel unmittelbarer machte. Das erste Spiel, das über den „Trackball“ verfügte, war „Football“.[24]

Ende der 1970er Jahre begann der Siegeszug japanischer Spielentwickler. In Japan existierte bereits eine lange Tradition von beliebten Münzspielautomaten, die Millionen Spieler in die Spielhallen lockte. Bei dem „Pachinko“ genannten Spiel erwirbt der Spieler eine Anzahl an kleinen Metallkugeln, die er in das Gerät einfüllt und mit einem Hebel bestimmt wie schnell die Kugeln durch ein Labyrinth aus Nägeln fallen, wodurch er indirekt beeinflussen kann wohin sie fallen. Gelingt es dem Spieler die Kugeln in entsprechende Öffnungen zu manövrieren, gibt der Automat den Gewinn in Form neuer Kugeln aus. Dieser in allen Gesellschaftsschichten anerkannte und weit verbreitete Zeitvertreib ermöglichte es auch den Arcade-Automaten schnell in Japan Fuß zu fassen und begünstigte auch die dortige Entstehung einer eigenen Videospielindustrie.[25]

Die japanische Firma Taito, die zuvor hauptsächlich Pachinko-Maschinen hergestellt hatte, erkannte das Potential der Arcade-Automaten auf dem heimischen Markt und entwickelte ab Mitte der 1970er eigene Videospiele. 1978 gelang ihnen mit „Space Invaders“ ein internationaler Erfolg. Die Lizenz für die USA wurde von der Firma „Midway“ erworben, die einige Jahre zuvor noch das Angebot Ataris ausgeschlagen hatte den Vertrieb der Pong-Automaten zu übernehmen.[26] Offenbar hatte der Hersteller von Flipper- und Geldspielautomaten aber aus seinem Fehler gelernt und brachte die fernöstlichen Münzschlucker auch in die amerikanischen Spielhallen.

Der Erfolg von „Space Invaders“ übertraf alle Erwartungen. Galt ein Spiel zuvor bereits als Erfolg wenn sich 15.000 Einheiten verkaufen lassen konnten, gelang es Taito 300.000 „Space Invaders“-Geräte weltweit zu verkaufen, davon alleine 60.000 in den USA.[27]

Darüber hinaus traf das Szenario des Spiels um eine außerirdische Invasion genau den Nerv der Zeit. „Star Wars“ war im vorangegangenen Jahr in den amerikanischen Kinos angelaufen und Science-Fiction-Themen waren allgegenwärtig. „Space Invaders“ bot zudem auch erstmals die Möglichkeit, die erreichte Punktzahl eines Spielers in einer Bestenliste zu speichern. Dieses neuartige Feature begünstigte schließlich die Entstehung eines kompetitiven Wettbewerbs unter den

24 Siehe Huff, Hartmut, Das grosse Handbuch der Video-Spiele, München 1983, S. 12, hier fälschlicherweise als „Trak Ball“ bezeichnet.

25 Vgl. de Meyer, Gust; Malliet, Steven, The History of the Video Game, in: Goldstein, Jeffrey; Raessens, Joost (Hrsg.), Handbook of Computer Game Studies, Cambridge 2005, S. 23-46, hier: S. 28.

26 Vgl. Siehe Huff, Hartmut, Das grosse Handbuch der Video-Spiele, München 1983, S. 12.

27 Vgl. Wolf, Mark, The Medium of the Video Game, Austin 2003, S. 44.

Spielern. Das Erreichen eines „Highscores", bzw. das Überbieten der Punktezahl eines anderen, wurde von der Spielergemeinde als großartige Leistung anerkannt und die besten Spieler behielten stets die Punktestände ihrer Konkurrenten im Auge.[28] Diese soziale Komponente des Spielens von Videospielen an öffentlichen Plätzen diente als zusätzlicher Ansporn, eine immer höhere Punktezahl zu erreichen. Gleichzeitig unterstrich sie den integrativen Charakter der Spielhallenszene, da den erreichten Leistungen der Anderen Achtung und Respekt entgegengebracht wurde[29] und heterogene Gruppen auf diese Weise in Kontakt treten konnten. Es existierte keine Unterscheidung zwischen sozialer Herkunft oder Schicht. Vielmehr fungierten öffentliche Plätze an denen Arcade-Automaten aufgestellt waren als Kommunikationszentren der Jugendkultur.[30]

Spielhallen wurden somit zu einem angesagten Treffpunkt der Jugendlichen, wobei hierbei deutlich die soziale Komponente des Zusammentreffens im Vordergrund stand und nicht das Spielen an sich.[31] Der Kriminologe Armand Mergen führte 1981 eine Untersuchung über den vermeintlich schädlichen Einfluss von „Automatenspielen" auf Jugendliche in der Bundesrepublik durch und beschrieb die Stimmung in einer Spielhalle wie folgt:

„Die Atmosphäre in einer Spielhalle ist eigenartig und spezifisch. Der Raum liegt in einem wohl abgestimmten Halbdunkel, das durch die farbenfrohen Lichter der Automaten optisch belebt wird. Es gibt helle Lichtinseln z.B. über den Billardtischen. Die Wirkung der "Ambiance" auf den Spielhallenbesucher ist, trotz der vielen Sinnesreize, beruhigend. Das permanente Tackern und Tickern der Automaten unterlegt das als Gemurmel vernehmbare Miteinanderreden der Spieler und schafft eine monotone, aber als dynamisch erfühlte Geräuschkulisse. Der Atmosphäre kann eine gewisse, märchenhafte Faszination nicht abgesprochen werden. Es herrscht hektische Unruhe; sie ist in Ruhe eingebettet. Und die Geräusche sind derart verschieden zusammengesetzt, daß sie trotz aller Hektik und Bewegung eine unmerkbare Ruhe, eine Geborgenheit ausstrahlende, akustische Atmosphäre abgeben. Die Spielhalle hat etwas irreales, märchenhaftes an sich. Sie ist ein Platz, in den man aus der Realität heraus für einige Zeit flüchten kann, um sich von den Strapazen der Wirklichkeit zu erholen."[32]

---

28 Siehe Turkle, Sherry, Die Wunschmaschine. Vom Entstehen der Computerkultur, Reinbek 1984, S. 83.

29 Siehe Eymann, André, Please insert Coin. Das Verschwinden der Videospielautomaten in Deutschland, Retro - Das Kulturmagazin für Computer, Videospiele und mehr, 5 (Herbst 2007), S. 42-45, hier: S. 44.

30 Vgl. Mergen, Armand, Grausame Automatenspiele. Eine kriminologische Untersuchung über Kriegsspiele und Kriegsspielautomaten, Weinheim 1981, S. 51.

31 Vgl. Greenfield, Patricia Marks, Kinder und neue Medien, München 1987, S. 91.

32 Siehe Mergen, Armand, Grausame Automatenspiele, Weinheim 1981, S. 52.

Deutlich wird hieran, dass der Aufenthalt in einer Spielhalle zwar einerseits als „Realitätsflucht" gesehen wurde, vor allem jedoch dem sozialen Austausch und der Erholung vom Alltag diente. Die oftmals attestierte Vereinsamung und Isolation des Individuums durch die häufige Nutzung von Videospielen war somit, jedenfalls für die an öffentlichen Plätzen aufgestellten Arcade-Automaten, nicht nachzuweisen. Vielmehr förderten sie die Entstehung einer eigenen Subkultur, mit eigenen Werten, Normen und Kommunikationscodes.[33] So war auch das Zuschauen bei anderen Spielern wichtig, weil währenddessen ein Dialog über die Spiele zustande kam. Im Gegensatz hierzu können heutige Onlinespiele gesehen werden, wo jeder Spieler in den eigenen vier Wänden sitzt und nur virtuell mit seinen Mit- oder Gegenspielern interagiert.[34]

Gleichwohl spielte sich die Hatz nach den Highscores auf einem räumlich stark beschränktem Areal ab. Die meisten regelmäßigen Spieler bewegten sich selten aus der unmittelbaren Umgebung ihres alltäglichen Aktionsbereiches heraus. Zu groß war die Angst, den mühsam erspielten Platz in der Bestenliste am Arcade-Automaten in der Bar oder Spielhalle um die Ecke an einen anderen zu verlieren, so dass die Standorte der Geräte teilweise mehrmals am Tag aufgesucht wurden, um zu überprüfen, ob das eigene Namenskürzel noch in der Highscoreliste stand[35]

Doch auch finanziell lohnte sich das Geschäft mit den Videospielen, vor allem für die Spielhallenbetreiber, bzw. die Gewerbetreibenden die Arcade-Automaten in ihren Räumlichkeiten aufstellten. Eine gut laufende Spielhalle konnte Anfang der 1980er Jahre in Deutschland Tageseinnahmen von bis zu 10.000 DM einstreichen, was deutlich über dem lag, was sich mit dem Aufstellen von Flipperautomaten verdienen ließ. In den USA erwirtschafteten die Arcade-Automaten im Jahr 1982 einen Gesamtumsatz von umgerechnet 5 Milliarden D-Mark.[36]

Einen wesentlichen Anteil an den astronomischen Einnahmen hatten die Top-Titel der Videospielbranche. Das 1980 in Japan und ein Jahr später in Lizenz auch in den USA veröffentlichte Spiel „Pac-Man" brach nicht nur sämtliche bisherigen Verkaufsrekorde, sondern rückte die Welt der Videospiele nun auch endgültig in den Fokus der Öffentlichkeit.

Revolutionär an diesem Spiel war vor allem die Tatsache, dass es den ersten Charakter der Videospielgeschichte mit eigener Persönlichkeit hervorbrachte.[37] Zuvor steuerte der Spieler ausschließlich abstrakte Raumschiffe, Rennfahrzeuge oder Kanonen. Auch wenn sich Pac-Man auf

33 Vgl. Loftus, Elizabeth; Loftus Geoffrey R., Mind at play. The Psychology of Video Games, New York 1983, S. 85.

34 Vgl. Eymann, André, Please insert Coin, Retro - Das Kulturmagazin für Computer, Videospiele und mehr, 5 (Herbst 2007), S. 42-45, hier: S. 44.

35 Siehe Lischka, Konrad, Spielplatz Computer, Hannover 2002, S. 56-57.

36 Ebd., S. 10.

37 Siehe Keichel, Christian, Girls in Games. Die Geschichte der Geschlechterkonstruktion im Videospiel, in: Retro - Das Kulturmagazin für Computer, Videospiele und mehr, 5 (Herbst 2007), S. 35-39, hier: S. 36.

dem Bildschirm lediglich als kleine gelbe Kugel mit spaltförmiger Öffnung darstellte, die in einem Labyrinth verstreute Punkte auffressen musste um den nächsten Bildschirm (Level) zu erreichen, war die Begeisterung, die er bei den Spielern hervorrief, nahezu grenzenlos. Pac-Man war zudem das erste Spiel, das auch eine beachtliche Anzahl weiblicher Spieler vor die Bildschirme der Arcade-Automaten lockte. Bislang waren Videospielfiguren stets stark männlich konnotierte Spielfiguren, wie z.B. Raumschiffe, Panzer oder Kanonen gewesen.

Pac-Man war zwar von seinem Namen her eindeutig auch ein Mann, doch die Darstellung der gelben Spielfigur wurde von vielen Mädchen und jungen Frauen als niedlich und nicht so eindeutig Maskulin empfunden, wie die Figuren in anderen Videospielen der damaligen Zeit,. Im Prinzip war Pac-Man ein Neutrum, dem kein eindeutiges Geschlecht zugeordnet werden konnte.[38]

Bereits ein Jahr nach Erscheinen des Automaten gab die erste weibliche Spielfigur ihr Debüt in der Welt der Videospiele. „Ms. Pac-Man" entsprach vom Aussehen und Spielprinzip her exakt ihrem „männlichen" Vorbild, bis auf eine kleine rosafarbene Schleife an ihrer Oberseite. Ms. Pac-Man war, so jedenfalls die Erklärung der Programmierer, die Ehefrau des gelben Punktefressers.

Doch anstatt dem Spiel und somit der weiblichen Protagonistin auch einen eindeutig weiblichen Namen zu geben, wie z.B. „Pac-Women", griffen die Entwickler auf den Titel des erfolgreichen Vorgängers zurück und vermännlichten auf diese Weise die Urahnin aller bis heute in Erscheinung getretenen Videospielheldinnen.[39]

Diese Entscheidung spiegelt auch die Zusammensetzung des tatsächlichen Durchschnittsklientels einer Spielhalle Anfang der 1980er wieder. Den Großteil der Spieler machten männliche Jugendliche oder junge Männer bis zum dreißigsten Lebensjahr aus. Mädchen nahmen oftmals lediglich die Rolle der Zuschauerin ein, die die Jungs anfeuerten.[40] Der Grund hierfür dürfte vor allem in den Kriegsszenarien der frühen Videospiele zu suchen sein, derer sich die Arcade-Automaten fast ausschließlich bedienten. Erst Spiele wie Pac-Man, deren Spielinhalte nicht kriegerischer Art waren, konnten eine erwähnenswerte Anzahl weiblicher Spielerinnen akquirieren, gleichwohl diese auch immer nur eine Randerscheinung in der ansonsten männlich dominierten Spielhallenszene bleiben sollten.

Pac-Man war so populär, dass es rund um das Spiel zahlreiche Merchandising-Artikel wie Puppen, Essbesteck und sogar Cornflakes erschienen. Weiterhin bekam der kleine gelbe Punkt eine eigene

38 Vgl. de Meyer, Gust; Malliet, Steven, The History of the Video Game, in: Goldstein, Jeffrey; Raessens, Joost (Hrsg.), Handbook of Computer Game Studies, Cambridge 2005, S. 23-46, hier: S. 29.

39 Siehe Keichel, Christian, Girls in Games., in: Retro - Das Kulturmagazin für Computer, Videospiele und mehr, 5 (Herbst 2007), S. 35-39, hier: S. 37.

40 Vgl. Loftus, Elizabeth; Loftus Geoffrey R., Mind at play, New York 1983, S. 105.

Zeichentrick-Fernsehserie nebst Weihnachtsspecial spendiert und die Band „Buckner & Garcia“ landeten mit dem Song „Pac-Man Fever“ einen Hit. Die Single stieg 1982 auf Platz 9 der US-Charts ein.[41] So war es auch nur eine Frage der Zeit bis andere Spielentwickler das erfolgreiche Konzept kopierten, um von der enormen Popularität Pac-Mans zu profitieren. Innerhalb kürzester Zeit erschienen Spiele mit Titeln wie „Puck-Man“, „Puc-One“, „Munchy Man“ oder „Mampfer“, die in grafischer Gestaltung und Spielablauf nahezu unverändert dem populären Vorbild entsprachen.[42] Gerade das Kopieren erfolgreicher Spielkonzepte war in der ersten Dekade der Videospiele gängige Praxis unter den verschiedenen Herstellern. Doch das ständige Recycling der erfolgreichen Spielideen unter neuen Namen sorgte auch dafür, dass sich Innovationen nur langsam durchsetzten.[43]

Als weiterer Meilenstein in der Entwicklung der Arcade-Automaten galt „Donkey Kong“ aus dem Jahr 1981, das erstmals einen menschlichen Spielcharakter bot. Diese Figur war die erste Inkarnation des bis heute wohl beliebtesten und bekanntesten Videospielcharakters „Super Mario“, der anfänglich jedoch noch „Jump Man“ genannt wurde. In seinem Aussehen, mit der roten Latzhose, der Schlappmütze und dem charakteristischen Schnurrbart entsprach die Figur jedoch schon weitestgehend seiner heutigen Form.[44]

Der von der japanischen Firma Nintendo entwickelte Automat verkaufte sich bereits im ersten Jahr alleine in den USA rund 65.000 mal.[45] Genau wie ein Jahr zuvor bei Pac-Man zog auch das Spiel um den Affen Kong zahlreiche Merchandising-Artikel nach sich, wie z.B. die bereits bewährten Stoffpuppen, Tonträger oder Zeichentrickserien.[46] Sogar ein Brettspiel zum Arcade-Automaten wurde veröffentlicht.[47]

Die Arcade-Automaten ebneten den Videospielen nicht nur den Weg in die Zimmer der Spieler, wie wir noch sehen werden, sondern rückten sie auch in den Fokus der Öffentlichkeit. Das öffentliche Interesse richtete sich zunächst insbesondere auf jene Spiele, denen ein schlechter Einfluss auf die

41 Siehe Lischka, Konrad, Spielplatz Computer, Hannover 2002, S. 55.

42 Siehe Seeßlen, Georg; Rost, Christian, Pac Man & Co. Die Welt der Computerspiele, Reinbek 1984, S. 96.

43 Vgl. Keichel, Christian, Girls in Games, in: Retro - Das Kulturmagazin für Computer, Videospiele und mehr, 5 (Herbst 2007), S. 35-39, hier: S. 36.

44 Vgl. Keichel, Christian, Wie die Pixel laufen lernten. Versuch einer Definition des Jump´n´Run-Genres anhand seiner Wurzeln, in: Retro - Das Kulturmagazin für Computer, Videospiele und mehr, 15 (Frühling 2010), S. 42-49, hier: S. 43-44.

45 Siehe Berndt, Jürgen, Bildschirmspiele, Münster 2005, S. 49-50.

46 Siehe Sautner, Oliver, Der Weg des Klempners, in: Retro - Das Kulturmagazin für Computer, Videospiele und mehr, 15 (Frühling 2010), S. 50-55, hier: S. 52.

47 Siehe Trefzger, Dirk, Brettspiel: Donkey Kong, in: Retro - Das Kulturmagazin für Computer, Videospiele und mehr, 15 (Frühling 2010), S. 32-33.

zumeist jugendlichen Spieler nachgesagt wurde. Dies waren in erster Linie solche, die sich mit Kriegsszenarien jeglicher Form befassten, was ihnen den Ruf einbrachte das Aggressionspotential der Jugendlichen zu stärken oder gar ursächlich hierfür zu sein.[48]

Darüber hinaus existierte in den Augen der bundesdeutschen Öffentlichkeit ein überwiegend negatives Bild in Bezug auf die Spielhallen. Nicht nur dass sie „asoziale Subjekte" anziehen würden, ihre bloße Präsenz minderte auch die Qualität von Einkaufsstraßen. Um das Treiben im Inneren vor den Blicken Minderjähriger abzuschirmen, waren die Fensterscheiben der Spielhallen zugeklebt, was in den Augen der Kritiker zu einer Unterbrechung der ansonsten homogenen Schaufensterfront der Einzelhändler führte.[49]

Als besonders problematisch für die Attraktivität von Wohngebieten galt es, wenn sich Spielhallen in der Nähe von Schulen oder Jugendeinrichtungen befanden, da sich die „jugendgefährdenden Tendenzen", die von ihnen angeblich ausgingen, hier besonders schnell ausbreiten konnten.[50] Diese Befürchtungen führten schließlich dazu, dass das „Gesetz zum Schutze der Jugend in der Öffentlichkeit" in der BRD dahingehend geändert wurde, dass Minderjährigen der Zugang zu den „Bildschirm Unterhaltungsspielgeräten" fortan untersagt wurde. Interessanterweise beschränkte sich dieses Verbot ausschließlich auf die Arcade-Automaten und nicht etwa auf andere Spielgeräte die durch ihre Geldgewinnmöglichkeiten, über die die Videospiele nicht verfügten, ein viel höheres Spielsuchtpotential in sich bargen.

Dennoch begründete der zuständige „Ausschuss für Jugend, Familie und Gesundheit" seine Entscheidung mit dem Argument, „daß nur von diesen Geräten eine Faszination ausgehe, die die Gefahr mit sich bringt, daß bei Minderjährigen der Spieltrieb außer Kontrolle gerät."[51]

Der letztendliche Gesetzestext vom 25.2.1985 sah unter anderem vor,dass:

„Elektronische Bildschirm- Unterhaltungsspielgeräte ohne Gewinnmöglichkeit [...] zur entgeltlichen Benutzung

1. auf Kindern und Jugendlichen zugänglichen öffentlichen Verkehrsflächen,

---

48 Siehe Eymann, André, Please insert Coin, in: Retro - Das Kulturmagazin für Computer, Videospiele und mehr, 5 (Herbst 2007), S. 42-45, hier: S. 44.

49 Siehe Gernert, Wolfgang; Stoffers, Manfred, Das Gesetz zum Schutze der Jugend in der Öffentlichkeit. Kommentar, Hamm 1985, S. 120-121.

50 Vgl. Hüsers, Francis, Ein verpöntes Vergnügen. Eine soziologische Studie zu Automatenspielen in Deutschland, Düsseldorf 1993, S. 99.

51 Siehe Gernert, Wolfgang; Stoffers, Manfred, Das Gesetz zum Schutze der Jugend in der Öffentlichkeit, Hamm 1985, S. 128-129.

2. außerhalb von gewerblich oder in sonstiger Weise beruflich oder geschäftsmäßig genutzten Räumen oder

3. in deren unbeaufsichtigten Zugängen, Vorräumen oder Fluren

nicht aufgestellt werden [dürfen].“[52]

Dies kam einem faktischen Verbot von Arcade-Automaten an öffentlichen Orten gleich, während der Aufenthalt in Spielhallen fortan nur noch Volljährigen gestattet war. Diese Gesetzesänderung führte, im Zusammenhang mit der zunehmenden Verbreitung von Videospielkonsolen für Zuhause, letztendlich zum langsamen Aussterben der Arcade-Automaten und damit der Spielhallenkultur als Teil der Jugendkultur in Deutschland.[53]

52 Siehe Gernert, Wolfgang; Stoffers, Manfred, Das Gesetz zum Schutze der Jugend in der Öffentlichkeit, Hamm 1985, S. 13.

53 Dieser Meinung ist auch André Eymann, in: Eymann, André, Please insert Coin, in: Retro - Das Kulturmagazin für Computer, Videospiele und mehr, 5 (Herbst 2007), S. 42-45, hier: S. 44-45.

Die Entwicklung der Videospielkonsolen bis 1983

Der durchschlagende Erfolg der Pong-Automaten weckte schnell den Wunsch der Spieler auch in den eigenen vier Wänden das elektronische Ping-Pong-Match spielen zu können. Doch nicht dessen Erfinder Atari brachte die erste Videospielkonsole auf den Markt, sondern Magnavox gelang die erste Umsetzung eines Videospiels für den heimischen Fernsehapparat.

Basierend auf dem Patent von Ralph Baer wurde die „Magnavox Odyssey" im Mai 1972 veröffentlicht, konnte sich jedoch nicht etablieren.[54] Die Konsole war noch nicht mit Mikrochips bestückt, sondern mit konventionellen elektronischen Bauteilen, so dass sie zwar sechs verschiedene Spielvarianten versprach, diese allerdings hauptsächlich durch entsprechende Farbfolien realisierte, die der Konsole beilagen und auf den Fernseher gelegt werden mussten. Zwei analoge Drehregler fungierten als Bedienelemente für die sechs Pong-Varianten, die in der Konsole fest einprogrammiert waren. Die Konsole scheiterte vor allem an dem schlechten Marketing von Magnavox, da die Chancen die eine Videospielkonsole bot nicht richtig erkannt wurden. Von der Odyssey wurden schätzungsweise rund 100.000 Einheiten zu einem Preis von ca. 100 Dollar verkauft.[55]

Durch einen geschickt ausgehandelten Kooperationsvertrag mit der Supermarktkette Sears wurde Ataris „Home-Pong" zum Verkaufsschlager im Weihnachtsgeschäft 1975 und löst Warteschlangen vor den Märkten aus, in denen die Kunden bis zu zwei Stunden anstanden um eine der begehrten Konsolen mit nach Hause nehmen zu können. Drei Jahre nach Unternehmensgründung war Atari jetzt landesweit bekannt und auch auf dem Konsolenmarkt erfolgreich.[56]

In Folge der hohen Absatzzahlen brachten immer mehr Hersteller innerhalb kürzester Zeit Kopien der Pong-Heimkonsolen unter verschiedensten Namen auf den Markt. Manche boten lediglich das „gewöhnliche" Pong, wie es vom gleichnamigen Arcade-Automaten seit Jahren bekannt war, andere Hersteller bemühten sich zumindest einige Variationen in das stets gleich ablaufende Spielprinzip einzubringen. Grundsätzlich sahen die Entwickler der Konsolen jedoch keinerlei Anlass etwas am bewährten Konzept zu ändern.

Die frühen Videospielkonsolen litten jedoch unter einem wesentlichen Manko: Sie waren lediglich

54 Vgl. Huff, Hartmut, Das grosse Handbuch der Video-Spiele, München 1983, S. 9.

55 Vgl. Forster, Winnie, Spielkonsolen und Heimcomputer, Utting 2009, S. 14-15.

56 Siehe Huff, Hartmut, Das grosse Handbuch der Video-Spiele, München 1983, S. 10-11.

in der Lage „Pong“ auf den Fernsehbildschirm zu bringen. Man konnte keine weiteren Spiele hinzukaufen oder die Hardware der Konsole erweitern. Eine Differenzierung zwischen der eigentlichen Spielkonsole und einzelnen Spielen gab es noch nicht.[57] Angesichts der sich, vor allem auf dem grafischen Sektor, stetig weiterentwickelnden Arcade-Automaten gerieten die weitaus primitiveren „Pong-Konsolen“ für daheim schnell ins Hintertreffen.

Die erste Videospielkonsole mit austauschbaren Spielen brachte schließlich der Chiphersteller „Fairchild Semiconductors“ im Jahr 1976 auf den amerikanischen Markt. Die „Fairchild Channel F“ genannte Konsole war eigentlich ein „Abfallprodukt“ der Entwicklungsabteilung, ermöglichte jedoch erstmals die Darstellung echter Farben auf dem heimischen Fernseher und bot eine Auswahl von 26 verschiedenen Spielen, die auf separaten Modulen hinzugekauft werden konnten. Doch genau wie einige Jahre zuvor Magnavox, erkannte auch Fairchild nicht die Chancen der eigenen Entwicklung und kümmerte sich nur halbherzig um eine adäquate Vermarktung des Systems.[58]

Einen ersten Rückschlag musste die Branche im Jahr 1977 hinnehmen. Da außer dem „Chanel F“, das nur wenige Käufer fand, sämtliche verfügbaren Videospielkonsolen lediglich ein einziges Spiel boten, welches zudem auch noch stets dasselbe war, brachen die Verkäufe massiv ein. Viel zu lange hatten die Hersteller sich neuen Spielideen verweigert und darauf vertraut dass die Konsumenten auch weiterhin Variationen desselben Spiels kaufen würden. Um die Überproduktionen einzudämmen, wurden Konsolen massenhaft verschrottet um den Preis dennoch hoch halten zu können.[59] Gleichwohl markierte das Jahr 1977 den endgültigen Durchbruch der Videospielkonsolen für den Fernsehapparat daheim. Atari schaffte es sich mit seinem eigenen System, dem „Video Computer System“ (kurz VCS genannt), zu positionieren und drängte die Mitbewerber durch ein aggressives Marketing aus dem Markt.[60]

Dem vorausgegangen war allerdings der Verkauf Ataris an den Unterhaltungskonzern „Warner Communications“ im Jahr zuvor. Nolan Bushnell sah sich zu diesem Schritt gezwungen um die permanenten Geldprobleme des Unternehmens in den Griff zu kriegen. Das Unternehmen verbuchte zwar mehrere Millionen Dollar Umsatz pro Jahr, investierte jedoch jeden verfügbaren Dollar auch gleich wieder um das immense Wachstumstempo aufrechtzuerhalten, so dass Atari trotz beachtlicher Umsatzzahlen nie liquide war. Für die Arbeit an einer Videospielkonsole mit

57 Vgl. de Meyer, Gust; Malliet, Steven, The History of the Video Game, in: Goldstein, Jeffrey; Raessens, Joost (Hrsg.), Handbook of Computer Game Studies, Cambridge 2005, S. 23-46, hier: S. 26.

58 Siehe Forster, Winnie, Spielkonsolen und Heimcomputer, Utting 2009, S. 16.

59 Siehe Bertelmann, Andreas, Auf Ataris Spuren, in: Retro - Das Kulturmagazin für Computer, Videospiele und mehr, 11 (Frühling 2009), S. 16-21, hier: S. 19.

60 Siehe de Meyer, Gust; Malliet, Steven, The History of the Video Game, in: Goldstein, Jeffrey; Raessens, Joost (Hrsg.), Handbook of Computer Game Studies, Cambridge 2005, S. 23-46, hier: S. 28.

austauschbaren Spielen, die auch Umsetzungen erfolgreicher Arcade-Automaten beinhalten sollten, war es nötig mehr Geld in die Entwicklung des Projekts zu investieren als Atari fähig war aufzubringen. Schließlich blieb Bushnell noch anderthalb Jahre Geschäftsführer von Atari nachdem er das Unternehmen für 29 Millionen US-Dollar an Warner verkauft hatte.[61]

Warner muss sich einen immensen Profit vom VCS versprochen haben, da sie zusätzlich zu der Kaufsumme von 29 Millionen insgesamt 120 Millionen Dollar in das Projekt investierten um Personal und Räumlichkeiten für die Entwicklung der Konsole bereitzustellen.[62] Bei seinem Erscheinen im Jahre 1977 erinnerte das VCS von seinem Äußeren her eher an einen Teil der häuslichen Einrichtung, denn an ein High-Tech-Gerät.

Genau wie die meisten Pong-Konsolen zuvor, kam das VCS mit einer Vorderseite aus Holzimitat in die Regale der Händler.[63] Der anfänglich stolze Preis von 200 Dollar konnte jedoch nicht verhindern, dass Ataris Videospielkonsole schnell zum absoluten Marktführer avancierte. Eine modernisierte Version ohne Holzimitat wurde ab 1982 für knapp 100 Dollar angeboten. Als „Atari 2600jr." überlebte die völlig veraltete Hardware in neuem Design bis Anfang der 1990er Jahre, wo die Konsole schließlich für unter 50 Dollar verkauft wurde.[64]

Das Atari VCS löste bei seiner Veröffentlichung einen ungeheuren Videospielboom in den USA aus.[65] Die Konsole wurde praktisch zum Synonym für Videospiele und eroberte sich schnell eine marktbeherrschende Stellung auf dem Sektor der Videospielkonsolen.

Dies gelang Atari vor allem durch ein cleveres und aggressives Marketing, gestützt durch den finanziellen Background der Warner-Gruppe, sowie der exklusiven Umsetzung von Ataris Arcade-Automaten-Hits auf das Heimsystem.[66] Auf diese Weise wurde Atari zu Warners Vorzeigefirma und erwirtschaftete 1980 ein Drittel des Gesamtkonzernumsatzes. Atari gilt bis heute als das am schnellsten gewachsene Unternehmen in der Geschichte der USA.[67]

Doch es gab auch durchaus ernstzunehmende Konkurrenz für Ataris VCS. 1980 veröffentlichte der Spielwarenhersteller Mattel, der bislang vor allem durch seine Barbie-Puppen bekannt und

61 Siehe Bertelmann, Andreas, Auf Ataris Spuren, in: Retro - Das Kulturmagazin für Computer, Videospiele und mehr, 11 (Frühling 2009), S. 16-21, hier: S. 16.

62 Ebd., S. 18.

63 Siehe Lischka, Konrad, Spielplatz Computer, Hannover 2002, S. 47.

64 Siehe Forster, Winnie, Spielkonsolen und Heimcomputer, Utting 2009, S. 27.

65 Siehe Fritz, Jürgen, Videospiele zwischen Faszination, Technik und Kommerz, in: Fritz, Jürgen (Hrsg.), Programmiert zum Kriegspielen. Weltbilder und Bilderwelten im Videospiel, Bonn 1988, S. 70-92, hier: S. 78.

66 Vgl. Forster, Winnie, Spielkonsolen und Heimcomputer, Utting 2009, S. 25.

67 Vgl. Bertelmann, Andreas, Auf Ataris Spuren, in: Retro - Das Kulturmagazin für Computer, Videospiele und mehr, 11 (Frühling 2009), S. 16-21, hier: S. 19.

erfolgreich war, seine Version einer Videospielkonsole. Das „Mattel Intellivision" konnte vor allem mit einer weitaus besseren Grafik als beim Atari VCS oder anderen Mitbewerbern auftrumpfen. Insgesamt konnte Mattel drei Millionen Geräte bis 1984 absetzen.[68] Die Konsole bot komplexere Spiele als das VCS, jedoch erwiesen sich die Bedienelemente als recht gewöhnungsbedürftig, da anstatt eines Joystick, wie man es vom Atari VCS gewohnt war, eine Drehscheibe das Geschehen auf dem Bildschirm kontrollierte und die Controller mittels eines recht kurzen Kabels fest mit der Konsole verbunden waren.

In den Controller waren zwölf Funktionstasten eingelassen, über die eine Schablone gelegt werden konnte, die dem jeweiligen Spiel beilag und die Steuerung erleichtern sollte. Erweiterungen wie Tastatur, Mikrofon, Sprachausgabemodul, Drucker und Modem sollten ein Upgrade zum Homecomputer schaffen, wurden aber erst ab 1983 eingeführt und waren viel zu teuer. Bei seiner Markteinführung kostete das Intellivision 270 Dollar. 1983 erschien eine kompaktere und sogar mit Atari Modulen kompatible Version für 150 Dollar.[69]

Die „Conneticut Leather Company" (kurz „Coleco" genannt), die in den Jahren zuvor ihr Geschäft mit Schwimmbecken und Outdoorbekleidung gemacht hatte, brachte bereits 1976 ein eigenes System auf den Markt. Die „Telstar"-Konsole war wie viele ihrer Mitbewerber ein weiterer Pong-Klon, brachte dem Unternehmen aber einen beachtlichen Gewinn ein, was die Unternehmensführung dazu veranlasste eine eigene Videospielkonsole mit austauschbaren Spielen entwickeln zu lassen um damit in direkte Konkurrenz zu Atari zu treten.[70]

1982 erschien das „CBS Colecovision", das allen anderen damals verfügbaren Konsolen technisch überlegen war. Vor allem auf dem Grafik- und Soundsektor setzte es neue Maßstäbe, da es in der Lage war, die neuesten Arcade-Automaten japanischer Hersteller wie Nintendo, Sega und Namco auch grafisch adäquat umzusetzen, was beim VCS beispielsweise nur in arg beschränkter Grafik und Animation möglich war und somit dem Heimspieler nicht den vollen Genuss eines Spielhallenbesuchs bieten konnte.

Zusätzlich erschien mit dem "Expansion Module 1" eine Erweiterung mit dem auch Atari VCS Spiele gespielt werden konnten und so dem Konkurrenten wiederum potentielle Käufer streitig machte, welche fortan zum ersten Mal in der Lage waren, Spiele für die Systeme zweier unterschiedlicher Hersteller auf einem Gerät spielen zu können.[71]

Im Weihnachtsgeschäft 1982 war das „Colecovision" mit zwei Controllern und der beigelegten

---

68 Siehe Forster, Winnie, Spielkonsolen und Heimcomputer, Utting 2009, S. 40.

69 Ebd., S. 41-42.

70 Vgl. Lischka, Konrad, Spielplatz Computer, Hannover 2002, S. 46.

71 Siehe Forster, Winnie, Spielkonsolen und Heimcomputer, Utting 2009, S. 50-51.

Arcade-Umsetzung „Donkey Kong“ mit über 500.000 abgesetzten Einheiten der eindeutige Gewinner im Vergleich zu Atari.[72] 1983 konnte Coleco sogar mehr Konsolen als Atari und Mattel zusammen absetzen.[73]

Bis zum Zusammenbruch des Videospielmarktes in Nordamerika blieben die drei Hersteller Atari, Mattel und Coleco in den frühen 1980er Jahren mit weitem Abstand die marktbeherrschenden Anbieter im Bereich der Videospielkonsolen. Laut Ataris damaligem Management Director für Deutschland, Klaus Ollmann, beherrschte Atari bis 1984 85% des deutschen Videospielmarktes.[74] Eine Einschätzung Peer Blumenscheins aus dem Jahr 1982 kommt zu dem Ergebnis, dass Atari in Deutschland über einen Marktanteil von ca. 60% verfügte und sich der Gesamtumsatz mit Videospielen in Deutschland auf etwa 150 Millionen D-Mark belief.[75]

Die weltweiten Einnahmen Ataris aus den Jahren 1980/81 waren mit knapp 1,23 Milliarden Dollar etwa so hoch wie das Gesamtgeschäft der „Grundig AG“. Im darauffolgenden Jahr verdreifachten sich die Gewinne sogar nochmals.[76] Bis Ende 1982 konnte Atari alleine in den USA 15 Millionen Videospielkonsolen absetzen, dazu noch rund eine Viertelmilliarde Spielekassetten. Gegenüber dem Vorjahr stieg Ataris Umsatz um fast 250%, der Gewinn sogar um 300%.[77]

Angesichts solcher jährlichen Zuwachsraten erscheint es nicht verwunderlich, dass sich auch andere Unternehmen bemühten auf dem Videospielmarkt Fuß zu fassen. Die Zeiten schienen gerade richtig zu sein für einen Einstieg ins Videospielgeschäft. Anfang der 1980er begannen Kaufhausketten und Elektrofachhändler damit, eigene Videospielabteilungen einzurichten, in der die Spiele angetestet werden konnten. Diese öffentlichen Spielmöglichkeiten fungierten schon bald als Ersatz herkömmlicher Jugendtreffs und weckten bei vielen Jugendlichen den Wunsch nach einer eigenen Videospielkonsole für daheim.[78]

Laut einer Jugendmedienstudie verfügte 1983 bereits jeder fünfte amerikanische Haushalt über eine

72 Vgl. Meck, Wolfgang, CBS ColecoVision. Ein revolutionäres Videospielsystem, in: Retro - Das Kulturmagazin für Computer, Videospiele und mehr, 14 (Winter 2009/2010), S. 22-24, hier: S. 22.

73 Siehe de Meyer, Gust; Malliet, Steven, The History of the Video Game, in: Goldstein, Jeffrey; Raessens, Joost (Hrsg.), Handbook of Computer Game Studies, Cambridge 2005, S. 23-46, hier: S. 32.

74 Siehe Frank, Guido; Ollmann, Klaus, Erinnerungen eines Atari-Managers. Ein Briefwechsel mit Klaus Ollmann (Teil 1), in: Retro - Das Kulturmagazin für Computer, Videospiele und mehr, 15 (Frühling 2010), S. 18-21, hier: S. 18.

75 Siehe Blumenschein, Peer; Blumenschein, Ulrich, Video-Spiele, München 1982, S. 10-11.

76 Ebd., S. 15.

77 Vgl. Fritz, Jürgen, Videospiele zwischen Faszination, Technik und Kommerz, in: Fritz, Jürgen (Hrsg.), Programmiert zum Kriegspielen, Bonn 1988, S. 70-92, hier: S. 78.

78 Vgl. Berndt, Jürgen, Bildschirmspiele, Münster 2005, S. 84.

Videospielkonsole, in Westdeutschland jeder zwanzigste.[79] Die Ausgaben der deutschen Haushalte für Videospiele lagen 1982 bei rund 200 Millionen D-Mark, ein Jahr später schätzten Experten die Ausgaben auf 300 Millionen Mark.[80]

In Deutschland versuchte der Hörgerätehersteller „Interton" das Oligopol von Atari, Mattel und Coleco zu durchbrechen. Bereits 1978 erkannte das Unternehmen das Potential von Videospielen und wurde Lizenznehmer bei Magnavox, um in eigener Regie eine Videospielkonsole auf den Markt zu bringen. Das „Interton VC 4000", die einzige jemals in Deutschland entwickelte Konsole, musste mit lediglich vier darstellbaren Farben und Mono-Sound auskommen. Diese Limitierungen ließen die Konsole letztendlich auch am Markt scheitern, da die Konsolen der Konkurrenz ihm technisch weit überlegen waren. Auch die Tatsache dass nicht auf die beliebten Spielekataloge anderer Hersteller, allen voran Atari, zurückgegriffen werden konnte, machte das Gerät bei den Spielern nicht zu ihrer ersten Wahl. Interton entwickelte ca. 40 eigene Spiele, die jedoch nicht mit denen der Konkurrenz mithalten konnten.[81]

Das „Philips G 7000" nutzte als erste Videospielkonsole eine eingebaute Tastatur, die Spiele ermöglichte die den zur damaligen Zeit beliebten TV-Ratespielen sehr ähnlich waren. Außerdem erschienen Spiele, die mit einem Brettspiel verbunden gespielt werden konnten. Diese Verschränkung mehrerer Entertainmentbereiche, sowie die Ähnlichkeit zu einem Homecomputer, machten das G 7000 in den Augen vieler Eltern zu einer hochwertigeren Anschaffung als viele andere Videospielkonsolen. Schließlich konnten die Kinder hierauf nicht nur „Abschießspiele", sondern auch textbasierte Spiele spielen und mittels entsprechendem Zusatzmodul auch selbst erste Schritte beim programmieren unternehmen.

Mit einem Preis von ca. 400 D-Mark für das Grundgerät, sowie 89 D-Mark für die Spiele war das G 7000 im Durchschnitt etwas günstiger als das Atari VCS, was sich für den Spieler finanziell zwar rechnete, aber aufgrund des unattraktiveren Spielangebotes keine wirkliche Alternative zum Branchenprimus war.[82]

Einen gänzlich anderen Weg ging „General Consumer Electric" (GCE), als das Unternehmen 1982 seine Konsole „Vectrex" veröffentlichte. Im Gegensatz zu allen anderen damaligen Konsolen

---

79 Vgl. Lukesch, Helmut, Jugendmedienstudie. Verbreitung, Nutzung und ausgewählte Wirkungen von Massenmedien bei Kindern und Jugendlichen. Eine Multi-Medien- Untersuchung über Fernsehen, Video, Kino, Video- und Computerspielen sowie Printprodukte, Regensburg 1990, S. 189.

80 Siehe Der böse Otto und ein verrücktes Huhn. Der Boom der Videospiele, in: Der Spiegel, 19 (1983), S. 48-49, hier: S. 48.

81 Siehe Forster, Winnie, Spielkonsolen und Heimcomputer, Utting 2009, S. 28.

82 Siehe Heßburg, Michael, Philips G 7000. Das System der unbegrenzten Möglichkeiten, in: Retro - Das Kulturmagazin für Computer, Videospiele und mehr, 16 (Sommer 2010), S. 26-31, hier: S. 28-29.

lieferte das System gleich einen eigenen Bildschirm mit, der zwar nur Schwarz-Weiß-Darstellungen ermöglichte, die durch die üblichen Farbfolien aufgepeppt wurden, jedoch als einzige Konsole die aus zahlreichen Arcade-Automaten bekannten und beliebten Vektorgrafiken ins eigene Heim transportierte.

Ein vorinstalliertes Spiel, sowie zwei Controller mit je vier Knöpfen, ermöglichten ein sofortiges Spielen. Durch seine grafischen Eigenschaften und die umfangreichen Bedienelemente kam das Vectrex den Arcade-Automaten sehr nahe, zudem konnte es ohne zusätzlichen Fernseher betrieben werden und verfügte über einen Tragegriff auf seiner Rückseite, so dass es auch problemlos transportiert werden konnte. Trotz all dieser Vorzüge konnte auch das Vectrex die Dominanz von Atari am Markt nicht brechen. Die Gründe hierfür dürften vor allem im recht hohen Preis zu suchen sein, der bei Markteinführung 199 Dollar, bzw. 499 Mark, betrug.[83] Außerdem litt das Vectrex an seiner relativ späten Markteinführung, als der Videospielmarkt bereits aufgeteilt war und sich genügend Anbieter fanden, um für jeden Spieler das passende System zu bieten.

Schnell wirkte auch die Vektorgrafik, angesichts der beeindruckenden grafischen Leistungen der gerade aufkommenden Homecomputer, veraltet. Hinzu kam ein sehr beschränktes Spielangebot von ca. 30 Titeln für die Konsole. Auch die Einführung technischer Innovationen wie die einer 3D-Brille, sowie eines „Lightpen“, der eine direkte Eingabe des Benutzers über den Bildschirm ermöglichte, vermochten nicht das Vectrex zu retten.[84]

Konkurrenz schuf Atari sich mitunter auch selbst. 1982 veröffentlichte der Konzern den Nachfolger des sich immer noch millionenfach verkaufenden VCS, den „Atari 5200“. Dieser erwies sich jedoch bereits nach kurzer Zeit als Flop und die Produktion wurde schon zwei Jahre später wieder eingestellt. Das System war nicht mit den Spielen der Vorgängerkonsole kompatibel und wurde mit Bedienelementen ausgeliefert, die äußerst schwer zu handhaben waren und darüber hinaus auch noch sehr schnell kaputt gingen.[85]

Welche Blüten die Aussicht auf ein schnelles und lukratives Geschäft mit den Videospielen trieb, zeigte sich an dem Beispiel der durch die Kaffeeröstereikette Tchibo vertriebenen Konsole „Tele-Fever“, die nur rund vier Wochen, rechtzeitig zum Weihnachtsgeschäft 1984, im Handel war.[86] Zu diesem Zeitpunkt waren bereits Entwicklungen am Markt im Gange, die der gesamten Branche ihre schwerste Krise bescheren sollten und deren Folgen schließlich zum Verlust der Dominanz

83 Vgl. Frank, Guido, Vectrex. Stecker rein, schon gehts los!, in: Retro - Das Kulturmagazin für Computer, Videospiele und mehr, 11 (Frühling 2009), S. 22-25, hier: S. 25.

84 Ebd., S. 25.

85 Siehe Forster, Winnie, Spielkonsolen und Heimcomputer, Utting 2009, S. 68-69.

86 Siehe Piascki, Stephan, Arcadia 2001. Eine Konsole mit vielen Gesichtern, in: Retro - Das Kulturmagazin für Computer, Videospiele und mehr, 15 (Frühling 2010), S. 26-31, hier: S. 26.

amerikanischer Videospielehersteller und zur massenhaften Verbreitung kostengünstiger Homecomputer führte.

Der „Video Game Crash“ 1983/84

Die Jahre 1979 bis 1982 brachten der Videospielbranche jährlich prozentuale Zuwächse im dreistelligen Bereich. In diesen drei Jahren stiegen alleine die Gewinne der beiden größten Anbieter Atari und Mattel von 80 Millionen auf 471 Millionen Dollar.[87] Diese Zahlen erweckten bei den verantwortlichen Managern der Videospieleherstelller offenbar den Eindruck dieses rasante Wachstum auch in Zukunft aufrechterhalten zu können. So gingen die Erwartungen für das letzte Quartal 1982, gestützt durch das Weihnachtsgeschäft, von einem Wachstum von 50% aus. Als Anfang Dezember abzusehen war, dass sich die Erwartungen nicht erfüllen würden und man lediglich Umsatzsteigerungen um die 10% zu erwarten hätte, entschloss sich Ataris damaliger Präsident und Geschäftsführer Raymond Kassar unmittelbar vor Bekanntgabe dieser Geschäftszahlen, 5.000 seiner Aktienanteile an „Warner Communications“, denen Atari damals gehörte, zu verkaufen. Am folgenden Tag fiel der Kurs der Aktie um 32%. Da Atari zur damaligen Zeit mit knapp 70% Marktanteil bei Videospielkonsolen und 40% bei den Arcade-Automaten, Branchenführer war, riss der dramatische Kurseinbruch auch andere Hersteller mit in den Untergang.[88]

Der Gesamtumsatz mit Videospielen betrug 1981 alleine in den USA über drei Milliarden Dollar. Bis 1985 fiel der weltweite Umsatz auf 100 Millionen Dollar. 1983 schlossen in den USA die Hälfte aller Spielhallen und Atari musste einen Verlust von knapp einer halben Milliarde Dollar verkraften. Schließlich verkaufte Warner das Unternehmen für 240 Millionen Dollar an Jack Tramiel, den Gründer von „Commodore International“, die gerade mit ihrem „C 64“ den Markt für Homecomputer neu gestalteten. Coleco verlor 1984 258,6 Millionen und musste 1988 Konkurs anmelden. Ebenso stieß Mattel seine Videospielabteilung ab und konzentrierte sich fortan wieder auf das Kerngeschäft mit Spielfiguren.[89]

Die Gründe für den sogenannten „Video Game Crash“ sind jedoch nicht nur in den übersteigerten Gewinnerwartungen der Atari-Vorstände zu suchen. Vielmehr führte auch ein Überangebot an unterschiedlichen Systemen zu einer Verunsicherung der Käufer. Innerhalb weniger Jahre erschien eine Unzahl verschiedener und nicht miteinander kompatibler Konsolen. Obwohl technisch fortschrittlichere Geräte verfügbar waren, behielt das Atari VCS seine Dominante Stellung auf dem

87 Siehe Goldrand verblaßt, in: Der Spiegel, 48 (1983), S. 215-217, hier: S. 215.

88 Vgl. Lischka, Konrad, Spielplatz Computer, Hannover 2002, S. 51.

89 Ebd., S. 53.54.

Videospielkonsolenmarkt. Dies gelang dem Unternehmen vor allem aufgrund eines raffinierten Marketings, gestützt durch die Millioneninvestitionen des Medienriesen Warner, sowie den Zugriff auf exklusive Atari-Spieltitel und Umsetzungen beliebter Arcade-Automaten für das VCS.
Die stagnierende Entwicklung führte jedoch zu immer billigeren und schlechteren Spielen, woraufhin sich die Kunden enttäuscht von Atari abwandten.[90] 1982 erschienen für das Atari VCS so viele neue Titel, wie in den fünf Jahren zuvor insgesamt. Die Spiele wirkten jedoch qualitativ zunehmend minderwertiger, was den immer kürzer werdenden Entwicklungszeiten geschuldet war. Hierdurch schwand das Vertrauen der Spieler in die Spielindustrie zusehends.[91] Nach Angaben von „Ariolasoft", dem führenden Softwarevertrieb in Deutschland in den 1980er Jahren, betrug die Zeitspanne in der sich mit einem Videospiel Gewinne einfahren ließen durchschnittlich drei Monate. Spiele, die sich fünf Monate hielten, galten schon als Verkaufsschlager.[92]
Anfang der 1980er Jahre kamen auch zunehmend Spiele mit Filmlizenzen auf den Markt. Die Filmlizenzen waren teuer und mussten sich schnell amortisieren, da die Filme nur eine begrenzte Zeit mediales Interesse auf sich zogen, so dass die Qualität von Spielen, die auf Filmen basierten oftmals mangelhaft war. Andererseits musste der Hersteller keine großangelegten Werbekampagnen fahren um auf das Spiel aufmerksam zu machen, denn die Spiele profitieren von der Popularität der Leinwandvorbilder. Besonders auf Kinder übten solche Spiele einen großen Kaufanreiz aus, da sie auf diese Weise spielerisch in die Welt des Filmes einsteigen konnten.[93]
So erschien z.B. zu dem Hollywoodblockbuster „Jaws" ein gleichnamiges Videospiel, das bereits kurz nach seiner Veröffentlichung Nachahmer fand. Unter dem Titel „Shark" erschien ein Spiel mit ähnlicher Thematik.[94] Auch der Film „Ghostbusters" zog zahlreiche Umsetzungen als Videospiel nach sich, die sich allesamt recht gut verkauften.[95] Das Spiel „Tron" erschien 1982 nahezu zeitgleich mit dem Film, welcher fast 20 Minuten Computergrafiken beinhaltete, mehr als jeder andere kommerzielle Spielfilm zuvor.[96]

---

90 Siehe Forster, Winnie, Spielkonsolen und Heimcomputer, Utting 2009, S. 48.

91 Ebd., S. 25.

92 Siehe Heidtmann, Horst, Computer- und Videospiele: Vom Ping Pong zu unendlichen Geschichten, in: Wild, Reiner, Geschichte der deutschen Kinder- und Jugendliteratur, Stuttgart 1990, S. 429-434, hier: 431.

93 Siehe Keichel, Christian, Spielfilme und Filmspiele. Wie sich Computerspiele und Filme gegenseitig beeinflussen, in: Retro - Das Kulturmagazin für Computer, Videospiele und mehr, 16 (Sommer 2010), S: 44-51, hier: S. 46.

94 Siehe Seeßlen, Georg; Rost, Christian, Pac Man & Co, Reinbek 1984, S. 32.

95 Siehe Keichel, Christian, Spielfilme und Filmspiele, in: Retro - Das Kulturmagazin für Computer, Videospiele und mehr, 16 (Sommer 2010), S: 44-51, hier: S. 46.

96 Vgl. Lunkeit, Kai, 25 Jahre Tron, in: Retro - Das Kulturmagazin für Computer, Videospiele und mehr, 5 (Herbst 2007), S. 31-33, hier: S. 32-33.

Die enge Verschränkung von Filmen und Videospielen zeigte sich auch anhand der sich wandelnden Thematiken des Hollywoodkinos der frühen 1980er Jahre. Zwischen 1982 und 1984 erschienen gleich drei Filme, die Computer- oder Videospiele zum Thema hatten. Den Anfang machte, wie bereits erwähnt, „Tron" von 1982, in dem ein ehemaliger Spieleprogrammierer in seine selbst erschaffene Spielwelt versetzt wird und dort um sein Überleben kämpfen muss. Ein Jahr später hackt sich der jugendliche Held des Films „War Games" in den Hauptcomputer des Pentagons und löst somit unwissentlich beinahe den Dritten Weltkrieg aus. 1984 erscheint schließlich „The Last Starfighter", wo der Außenseiter Alex Rogan aufgrund seiner herausragenden Leistungen am fiktiven Arcade-Automaten „Starfighter" von einem außerirdischen Volk rekrutiert wird, um in einem galaktischen Kampf für sie anzutreten.

Diese drei Beispiele zeigen nicht nur wie sehr Videospiele zu einem Teil der Populärkultur geworden waren, sondern auch, dass immer mehr Menschen innerhalb kürzester Zeit den Zugang zu Videospielen gefunden hatten. War bei „Tron" noch ein Erwachsener Softwareentwickler, also jemand mit einer speziellen Ausbildung, der Hauptprotagonist, so war es in „War Games" ein computerinteressierter junger Mann und in „The Last Starfighter" letztendlich ein durchschnittlicher Teenager. Zu allen drei Filmen erschienen schließlich auch Videospiele.[97]

Auch innerhalb des Erfolgsfilms „E.T." hatte das Atari VCS einen Auftritt, das sich zur Zeit der Entstehung des Films 1981 gerade auf dem Höhepunkt seiner Popularität befand. Kurz nach dem Film erschien das entsprechende Spiel für das VCS. Aufgrund seiner extrem kurzen Entwicklungszeit von wenigen Wochen gilt das Spiel bis heute als der Inbegriff schlechter Filmumsetzungen für Videospielkonsolen und sein kommerzieller Misserfolg wird oftmals als die gewichtigste Ursache für den Zusammenbruch des Videospielmarktes zu Beginn der 1980er Jahre angesehen.[98]

Probleme machte jedoch vor allem die Umsetzung eines Arcade-Hits für das Atari VCS. In Erwartung erhöhter Konsolenverkäufe infolge der "Killer-Applikation" Pac-Man, die als Kaufargument für das VCS dienen sollte, lizenzierte Atari den Titel vom japanischen Arcade-Automatenhersteller Namco und ließ zwölf Millionen Spiele produzieren. Das Kalkül ging nicht auf, da Atari zu diesem Zeitpunkt gerade einmal knapp zehn Millionen Konsolen verkauft hatte.

Weitere 20 Millionen Dollar leitete Warner von der Spieleentwicklung in die Finanzierung des Filmes E.T. ab, um mit der entsprechenden Lizenz innerhalb kürzester Zeit und rechtzeitig zum Weihnachtsgeschäft ein Spiel zum Film zu produzieren, das bis heute als eines der schlechtesten

97 Siehe Keichel, Christian, Spielfilme und Filmspiele, in: Retro - Das Kulturmagazin für Computer, Videospiele und mehr, 16 (Sommer 2010), S: 44-51, hier: S. 46-47.

98 Ebd., S. 45.

aller Zeiten gilt. Beide Ereignisse entwickeln sich zu einem finanziellen Desaster für Atari. Gerüchte über das Vergraben von Millionen von Spielmodulen in der Wüste von Neu Mexiko, um Lagerkosten zu sparen, halten sich bis heute.[99]

Tatsächlich deklarierte Atari die Ladung von rund zwanzig Lastwagen, die im April 1983 das Gelände des Werkes in El Paso verließen, als „defekt“ und ließ den Inhalt wegschaffen. Der Transport und die Einlagerung der Überproduktion an Spielen und Konsolen wäre dem Konzern in der Tat noch teurer gekommen, als die massenhafte Verschrottung. Doch auch andere Hersteller wählten anscheinend den Weg auf die Müllkippe um der Problematik mit hunderttausenden Retouren aus dem Handel zu begegnen, die aufgrund von übersteigerten Absatzerwartungen und Überproduktionen anliefen. [100]

Die Folge war ein drastischer Preisverfall bei Konsolen und vor allem Spielen, damit die Händler nicht auf ihren Beständen sitzenblieben. Die Gewinne stagnierten bei einem erhöhten Absatz, bis sie schließlich sogar rückläufig waren.[101] Die Flut an neuen Systemen und Spielen verunsicherte die Spieler, sie hatten kaum noch einen Durchblick über das konfuse Marktgeschehen, wo im Vier-Wochenrhythmus Neuheiten veröffentlicht wurden. Als Konsequenz hieraus entstand bereits Ende 1981 mit „Electronic Games“ die erste Fachzeitschrift für Videospiele in den USA. Im Dezember 1982 folgte in Deutschland die Zeitschrift „Telematch“.[102] Doch die neugewonnene Markttransparenz offenbarte nur noch deutlicher die Defizite der Spielentwickler. Auch wenn um 1983 schätzungsweise 250 bis 300 verschiedene Spieletitel im Handel erhältlich waren, gab es im Grunde genommen doch nur ein knappes Dutzend unterschiedlicher Spielkonzepte, die jeweils geringfügig abgewandelt wurden.[103] Die Videospielkonsolen litten also, genau wie zuvor die Arcade-Automaten, an einem Innovationsmangel, der ihnen nun zum Verhängnis wurde und bei den Spielern zunehmend zur Frustration führte.

Ein weiteres Problem war auch die unüberschaubare Anzahl von Drittherstellern, die den Markt oft mit Nachahmungen erfolgreicher Spiele überschwemmten, was letztendlich zu einer Übersättigung des Marktes führte.[104] Seinen Anfang nahm diese Entwicklung im Jahre 1980, als ehemalige Atari-Programmierer, die unzufrieden mit der Anerkennung ihrer Leistungen waren, die Firma „Activision“ gründeten, da Atari sich weigerte ihre Namen unter den Mitwirkenden der Spiele

99 Siehe Forster, Winnie, Spielkonsolen und Heimcomputer, Utting 2009, S. 48.

100 Vgl. Bertelmann, Andreas, Auf Ataris Spuren, in: Retro - Das Kulturmagazin für Computer, Videospiele und mehr, 11 (Frühling 2009), S. 16-21, hier: S. 19.

101 Siehe Goldrand verblaßt, in: Der Spiegel, 48 (1983), S. 215-217, hier: S. 215.

102 Siehe Seeßlen, Georg; Rost, Christian, Pac Man & Co, Reinbek 1984, S. 90.

103 Ebd., S. 40.

104 Siehe Goldrand verblaßt, in: Der Spiegel, 48 (1983), S. 215-217, hier: S. 215.

aufzulisten.

Activision war das erste Unternehmen, das sich ausschließlich auf die Entwicklung von Spielen konzentrierte und keine eigene Konsole hierfür auf den Markt brachte. Sie stellten zuerst Spiele für das Atari VCS her, weiteten ihre Aktivitäten jedoch recht bald auch auf alle anderen gängigen Videospielkonsolen aus. Atari versuchte mehrfach gerichtlich gegen Activision vorzugehen, verlor jedoch in allen Instanzen.[105]

Dies ebnete den Weg für eine Unzahl weiterer Anbieter von Spielen, von großen Unterhaltungskonzernen wie „CBS" oder „Twentieth Century-Fox", bis hin zu Einzelunternehmern die ihre Spiele in Garagen und Hinterhöfen entwickelten und sich erhofften hierdurch rasch zu Geld in der boomenden Videospielbranche zu kommen.

Zwar erfüllten sich diese Erwartungen für viele, jedoch führte der Verlust der Konsolenhersteller über die Masse und vor allem Qualität der Spiele die für ihr System erschienen, zu einem Überangebot. Auch der durchaus mit dem Auftauchen der Dritthersteller einhergehende Innovationsschub versiegte schnell und zog eine Vielzahl billig produzierter Nachahmungen erfolgreicher Spielkonzepte nach sich.[106]

Zwar versuchte man dem Preisverfall durch massenhafte Verschrottung von Software entgegenzuwirken, wie man es bereits Ende der 1970er Jahre mit der Hardware aus massiver Überproduktion versucht hatte, aber letztendlich konnten auch diese Maßnahmen den Niedergang des amerikanischen Videospielemarktes nicht verhindern. Insgesamt entstand alleine beim Branchenführer Atari ein Verlust von rund 500 Millionen Dollar zwischen 1983 und 1984.[107]

In Folge des Crashs ging auch die neue Konsole Ataris unter, das „Atari 7800". Zwar war das Gerät nun auch, im Gegensatz zu seinem wenig erfolgreichen Vorgänger „Atari 5200", mit den VCS-Spielen kompatibel, aber der Markt für Videospiele war praktisch nicht mehr vorhanden.[108] Folglich musste nicht nur Atari über 3.000 Angestellte entlassen. Auch Hauptkonkurrent Mattel sah sich gezwungen über ein Drittel seiner Arbeitnehmer zu entlassen, da in der ersten Hälfte des Jahres 1983 über 200 Millionen Dollar Verlust eingefahren wurde.

Schließlich führte die desolate Marktlage dazu, dass „K-Mart", damals die zweitgrößte Warenhauskette der USA, die Videospielabteilungen in hunderten ihrer Filialen auflöste und unzählige kleinerer, auf Videospiele spezialisierte Geschäfte schließen mussten.[109]

105 Vgl. Huff, Hartmut, Das grosse Handbuch der Video-Spiele, München 1983, S. 12.

106 Siehe Der böse Otto und ein verrücktes Huhn, in: Der Spiegel, 19 (1983), S. 48-49, hier: S. 49.

107 Siehe Bertelmann, Andreas, in: Retro - Das Kulturmagazin für Computer, Videospiele und mehr, 11 (Frühling 2009), S. 16-21, hier: S. 19.

108 Vgl. Forster, Winnie, Spielkonsolen und Heimcomputer, Utting 2009, S. 92.

109 Siehe Goldrand verblaßt, in: Der Spiegel, 48 (1983), S. 215-217, hier: S. 215.

Insgesamt fielen die Umsätze der Branche innerhalb der Jahre 1982 bis 1985 um 96 Prozent, von drei Milliarden Dollar auf unter 100 Millionen Dollar.[110]

Die Arcade-Automaten überstanden den Crash hingegen nahezu unbeschadet und brachten als erstes neue Innovationen hervor, wie z.B. den interaktiven Film, der auf Bildplatten gespeichert wurde und dem Spieler nur eine bedingte Kontrolle auf das Geschehen am Bildschirm ermöglichte.[111] Jedoch wurden die Spielhallen nicht von einer Flut minderwertiger Produkte überschwemmt wie der Markt für Videospielkonsolen. Zudem waren die Spieler eher bereit einen Vierteldollar in ein Spiel über einen limitierten Zeitraum zu investieren, als sich für mehrere hundert Dollar ein System zu kaufen, das unter zunehmendem Qualitätsverlust bei den neu erscheinenden Spielen litt.

Die Folgen für den deutschen Videospielmarkt waren 1983 noch nicht so deutlich spürbar wie in den USA, obgleich auch hier bereits ein langsamer Preisverfall zu beobachten war.[112] Genau wie die massenhafte Verbreitung von Videospielkonsolen, kam auch der Untergang des Videospielmarktes erst mit einer ein- bis zweijährigen Verspätung auf den westeuropäischen Märkten an.

Nahezu gänzlich unberührt von diesen Entwicklungen blieb die japanische Videospielindustrie. Bereits früh hatte sich eine eigene, von den amerikanischen Herstellern unabhängige, Videospielindustrie mit eigenen Spielkonzepten und Ideen herausgebildet. Auch die Tatsache, dass es keinen so dominanten Marktführer wie Atari gab, dessen Verluste auch die übrigen Anbieter negativ beeinträchtigten, begünstigte das Fortbestehen des Videospielmarktes in Japan.[113] Somit war es den Herstellern aus Fernost möglich auch die internationalen Märkte zu erobern, indem sie mit neuartigen und einfallsreichen Spielkonzepten in die Lücke stießen, als der amerikanische Videospielmarkt zusammenbrach.[114]

Größter Profiteur dieser Entwicklung war zunächst die Firma „Nintendo", die Ende des 19. Jahrhunderts damit begann Spielkarten herzustellen und in der ersten Hälfte des 20. Jahrhunderts schließlich die Marktführerschaft in Japan erringen konnte. Doch im Gegensatz zu manch anderem Unternehmen erkannte man bei Nintendo frühzeitig das Potenzial von Videospielen und stieg bereits 1977 in das Geschäft ein, indem man die „Magnavox Odyssey" für den japanischen Markt lizenzierte.[115] Schließlich veröffentlichte Nintendo 1983 seine erste Videospielkonsole mit

110 Vgl. de Meyer, Gust; Malliet, Steven, The History of the Video Game, in: Goldstein, Jeffrey; Raessens, Joost (Hrsg.), Handbook of Computer Game Studies, Cambridge 2005, S. 23-46, hier: S. 34.

111 Siehe Forster, Winnie, Spielkonsolen und Heimcomputer, Utting 2009, S. 49.

112 Siehe Goldrand verblaßt, in: Der Spiegel, 48 (1983), S. 215-217, hier: S. 217.

113 Siehe Forster, Winnie, Spielkonsolen und Heimcomputer, Utting 2009, S. 86.

114 Vgl. Lischka, Konrad, Spielplatz Computer, Hannover 2002, S. 56.

115 Ebd., S. 57.

austauschbaren Spielen, das „Nintendo Famicom" in Japan. Ab 1985 war das Gerät unter dem Namen „Nintendo Entertainment System" (NES) auf dem amerikanischen Markt und ein Jahr später auch in Westeuropa verfügbar. Bis 1994 wurden über 60 Millionen Konsolen weltweit verkauft und schätzungsweise 1.400 Spiele für das System veröffentlicht. Gänzlich neu an der Konsole waren die Bedienelemente, die als erste keinen Joystick, sondern flache Steuerkreuze verwendeten. Diesem Beispiel folgten sämtliche späteren Hersteller bis zum heutigen Tage.[116]

Nintendo setzte nicht auf Quantität, sondern auf die Qualität der Spieletitel und überraschte die Spieler mit zahlreichen Innovationen.[117] So gelang es Nintendo, im Gegensatz zu Atari, das Angebot an Spielen anderer Hersteller zu regulieren, indem sie sich Änderungen, wie z.B. die Entfernung jugendgefährdenden Inhaltes, vorbehielten und die fertig entwickelten Spiele dann an die eigentlichen Entwickler zurück verkauften. Somit konnten die Probleme die wenige Jahre zuvor zum Zusammenbruch des Marktes geführt hatten weitestgehend vermieden werden.

Auf diese Weise eroberte Nintendo innerhalb von 18 Monaten den westlichen Markt und wurde auch hier zum Quasi-Monopolisten.[118] Erst 1987 tauchte der japanische Hersteller „Sega" mit einer eigenen Konsole auf dem Weltmarkt auf und machte vor allem in den 1990er Jahren Nintendo seine marktbeherrschende Stellung streitig. Bis zum Erscheinen der „Sony Playstation" im Dezember 1994 teilten Nintendo und Sega den Weltmarkt für Videospiele fast gänzlich unter sich auf.[119]

Die Initialzündung zur Wiederbelebung des Videospielmarktes brachte somit auch ein Spiel von Nintendo. „Super Mario Bros." erschien 1985 für das Famicom, bzw. etwas später auch für das NES. Insgesamt verkaufte Nintendo 40 Millionen Einheiten dieses Spiels, die meisten davon im Verbund mit der Konsole, da viele Käufer sich nur aufgrund des Spiels ein NES kauften.[120] Was Atari mit „Pac-Man" wenige Jahre zuvor nicht gelang, setzte Nintendo nun erfolgreich um und überflügelte die Erfolge Ataris sogar.

Ein weiterer Grund für den Erfolg des NES dürfte auch in seiner klaren Positionierung als Videospielkonsole liegen. Viele Hersteller hatten vor dem Crash versucht die Lücke zum Homecomputer zu schließen, indem sie teure und mangelhafte Zusatzgeräte für ihre Konsolen auf den Markt brachten.

Nintendos Spielwelten waren eindeutig kindlich geprägt, was auch die Aufteilung des Marktes in

116 Siehe Forster, Winnie, Spielkonsolen und Heimcomputer, Utting 2009, S. 84.

117 Vgl. de Meyer, Gust; Malliet, Steven, The History of the Video Game, in: Goldstein, Jeffrey; Raessens, Joost (Hrsg.), Handbook of Computer Game Studies, Cambridge 2005, S. 23-46, hier: S. 35-36.

118 Ebd., S. 86-87.

119 Vgl. Forster, Winnie, Spielkonsolen und Heimcomputer, Utting 2009, S. 80.

120 Siehe Sautner, Oliver, Der Weg des Klempners, in: Retro - Das Kulturmagazin für Computer, Videospiele und mehr, 15 (Frühling 2010), S. 50-55, hier: S. 55.

den 1980er Jahren widerspiegelte. Während sich die Homecomputer mit ihren vielfältigen Anwendungen und der Möglichkeit eigene Anwendungen zu programmieren eindeutig an ältere Nutzer richteten, versuchten die japanischen Konsolenhersteller vor allem jüngere Spieler für sich zu gewinnen.

So verwundert es auch nicht, dass Nintendo, auch aufgrund fehlender Konkurrenz, 1986 bereits 90% des amerikanischen Videospielmarktes beherrschte und mit der Veröffentlichung von „Super Mario Bros. 3“ im Jahre 1988 umgerechnet über 880 Millionen D-Mark erwirtschaften konnte.[121]

Doch nicht nur die japanischen Hersteller konnten vom Scheitern ihrer amerikanischen Konkurrenten auf dem Gebiet der Videospielkonsolen profitieren.

Der Crash von 1983 verhalf auch den Homecomputern zu einer weitreichenden Verbreitung. Trotz ihrer eigentlichen Bestimmung als preiswertere Variante zu Bürocomputern wurden sie hauptsächlich zum Spielen genutzt.

Der Einstieg in die Spielwelt der Homecomputer fiel, auch aufgrund der Tatsache dass viele bekannte Videospiele von den Konsolen auf die Homecomputer umgesetzt wurden, den meisten Spielern nicht schwer. Auf diese Weise konnten Softwarefirmen auch einen Teil des Gewinneinbruchs auffangen und waren nicht so sehr von den Folgen des Crashs betroffen wie die Hersteller der Videospielkonsolen.[122]

Da die Leistungsfähigkeit eines Homecomputers der 1980er Jahre genauso hoch war wie die eines Großrechners aus den 1960ern, gewannen die Geräte schnell an Beliebtheit bei Technikbegeisterten, sowie Schülern und Studenten. Private Konsumenten hatten nun auch Zugriff auf die gleiche Rechenleistung, die wenige Jahre zuvor noch wenigen Wissenschaftlern in teuren Labors vorbehalten war und das zu einem erschwinglichen Preis.[123] Bei Markteinführung des C 64 im Jahr 1983 lag der Kaufpreis noch bei rund 1500 D-Mark, bzw. 600 Dollar, jedoch sank dieser nur zwei Jahre später, aufgrund des harten Preiskampfes der Firma Commodore, auf knapp 700 D-Mark.

Aufgrund der Bestrebungen Commodores den Markt um jeden Preis, auch auf Kosten rentablerer Gewinnmargen, zu erobern, wurde ein Verdrängungswettbewerb in Gang gesetzt, der nach kürzester Zeit nur eine handvoll Anbieter übrigließ.

Neben Commodore waren dies „Apple“, sowie die Homecomputersparte von Atari. Mit dem „Amiga“ brachte Commodore noch eine zweite Produktlinie auf den Markt, die sich zur härtesten

---

121 Vgl. Lischka, Konrad, Spielplatz Computer, Hannover 2002, S. 59.

122 Vgl. Computer im Haushalt. Der Markt der Home- und Personalcomputer, Videospiele und BTX-Geräte, Berlin 1983, S. 4.

123 Ebd., S. 14-15.

Konkurrenz für den C 64 entwickeln sollte.[124] Erst Mitte der 1990er Jahre drängten die PC´s, aufgrund neuer Standards in Soft- und Hardware, die Homecomputer vom Markt, bis sie schließlich nahezu gänzlich verschwanden.

124 Siehe Heidtmann, Horst, Computer- und Videospiele: Vom Ping Pong zu unendlichen Geschichten, in: Wild, Reiner, Geschichte der deutschen Kinder- und Jugendliteratur, Stuttgart 1990, S. 429-434, hier: 430, sowie Frank, Guido; Ollmann, Klaus, Erinnerungen eines Atari-Managers, in: Retro - Das Kulturmagazin für Computer, Videospiele und mehr, 15 (Frühling 2010), S. 18-21, hier: S. 21.

Fazit

Die Entwicklung der kommerziellen Videospiele von ihren Anfängen zu Beginn der 1970er Jahre bis hin zum „Video Game Crash“ 1983, war einerseits geprägt von einem rasanten Wachstum und fatalen Fehleinschätzungen der Marktentwicklung andererseits.
Mit dem Aufkommen der Arcade-Automaten war es zum ersten Mal möglich, das Geschehen am Bildschirm nicht bloß zu konsumieren, wie man es vom Fernsehen her gewohnt war, sondern es auch mittels eigener Handlungen zu beeinflussen. Diese Gestaltungsmöglichkeiten machten einen Großteil der Faszination aus, welche die frühen Videospiele wie „Pong“ auslösten.[125] Das Medium des Videospiels ermöglichte dem Spieler eine neuartige Kombination von visuellen Elementen mit denen er interagieren und sich somit vom reinen Konsumenten zum „Nutzer“ entwickeln konnte.[126]
Waren die ersten Arcade-Automaten meist noch simple Umsetzungen von Sportsimulationen, gelang es mittels verbesserter Grafiken und erhöhter Rechenleistung immer anspruchsvollere Spiele zu kreieren und den Spielern das Geld aus der Tasche zu locken. Atari gelang es bereits innerhalb weniger Jahre nach Firmengründung einen Millionenumsatz zu erwirtschaften..
Erfolgreiche Spiele wie „Space Invaders“, „Pac-Man“ oder „Donkey Kong“ rückten die Videospiele auch in den Fokus der Öffentlichkeit. Zahlreiche Merchandising-Artikel wie Stoffpuppen, Tassen, Brettspiele oder Tonträger erschienen innerhalb kürzester Zeit. Einige der Spielfiguren aus den Arcade-Automaten bekamen sogar eigene TV-Serien beschert.
Eine eigene Jugendszene entstand rund um die Spielgeräte, die zahlreiche selbsternannte Jugendschützer auf den Plan rief. Hierbei wurde von Kritikern oftmals die integrative Funktion der Videospiele übersehen. Die Jugendlichen machten keinen Unterschied zwischen Herkunft und sozialem Status, einzig das Können des jeweiligen Spielers war entscheidend. Die Jagd nach neuen Highscores motivierte die Spieler ebenso wie das Prestige, das aus einem Eintrag in die Bestenliste eines Automaten resultierte.
In Deutschland verbot eine Änderung des Jugendschutzgesetzes ab 1985 das Aufstellen von Arcade-Automaten an öffentlichen Plätzen die Jugendlichen zugänglich waren. Zu groß war die Angst der Öffentlichkeit vor dem „verderblichen Einfluss“, die Spielhallen auf Jugendliche ausüben könnten. Das Spielen von Videospielen wurde als Zeitverschwendung angesehen, als irrationale Handlung

125 Vgl. Berndt, Jürgen, Bildschirmspiele, Münster 2005, S. 47.

126 Vgl. Greenfield, Patricia Marks, Kinder und neue Medien, München 1987, S. 95.

die junge Menschen vom rechten Weg abzubringen drohte.[127] Dies führte letztendlich zu einer verstärkten Verlagerung des Spielens in den Heimbereich.

Die ersten Versuche, eine Videospielkonsole langfristig am Markt zu etablieren, scheiterten. Genau wie zuvor bei den Arcade-Automaten produzierten die Hersteller zu viele Varianten des selben Spielprinzips. Zudem verfügten die frühen Konsolen jeweils nur über ein einziges, fest einprogrammiertes, Spiel. Wollte man ein anderes Spiel spielen, war man gezwungen auch eine neue Konsole zu kaufen. Dies führte 1977 zu einem ersten „Video Game Crash", infolgedessen zahlreiche Hersteller ihre Konsolen massenhaft verschrotten ließen, um den Preis künstlich hoch halten zu können.

Erst Atari gelang es mit dem VCS eine Konsole mit austauschbaren Spielen dauerhaft am Markt zu etablieren. Der Verkauf von Spielen für Zuhause, die auf bekannten Arcade-Automaten basierten, brachte der Firma Gewinne im dreistelligen Millionenbereich ein. Dieser Erfolg weckte auch bei anderen Unternehmen, deren Hauptgeschäftsfeld zuvor in anderen Bereichen lag, Begehrlichkeiten. Der Einstieg des Spielwarenherstellers „Mattel" und der „Conneticut Leather Company" konnte jedoch nichts an der Marktführerschaft Ataris ändern. Neben zahlreichen kleineren Herstellern von Videospielkonsolen teilten diese drei Unternehmen den Markt Anfang der 1980er Jahre nahezu gänzlich unter sich auf.

Letztendlich brach der Markt unter dem Überangebot qualitativ schlechter Spiele, Fehleinschätzungen der Manager bezüglich des Wachstumspotenzials, sowie einer Marktintransparenz für den Käufer zusammen. Zu viele Kopien der immer gleichen Spielkonzepte ließen zwar die Anzahl der verfügbaren Titel in die Höhe schnellen, langweilten die Spieler jedoch zunehmend.[128] Hinzu kamen teure Filmlizenzen, die zu eilig programmierten und qualitativ minderwertigen Spielen umgesetzt wurden. Auch die wachsende Zahl von Drittanbietern ließ die Käufer angesichts der großen Anzahl an Spielen resignieren.

Nachdem der Branchenführer Atari die Gewinnerwartungen für das Weihnachtsgeschäft 1982 nach unten korrigierte, brach der Aktienkurs am Folgetag um rund ein Drittel ein. Ursache hierfür war eine übersteigerte Wachstumserwartung der Manager, die davon ausgingen, dass die hohen Umsätze der Vorjahre ohne Weiterentwicklung des Produktes beibehalten werden könnten. Zudem glaubten sie, durch zugkräftige Spieletitel wie „Pac-Man" und „E.T." die Verkäufe von Konsolen steigern zu können, was jedoch an deren mangelhafter Qualität scheiterte. Ein Jahr später war Atari nicht mehr

127 Vgl. Seeßlen, Georg; Rost, Christian, Pac Man & Co, Reinbek 1984, S. 39.

128 Vgl. Fritz, Jürgen, Videospiele zwischen Faszination, Technik und Kommerz, in: Fritz, Jürgen (Hrsg.), Programmiert zum Kriegspielen, Bonn 1988, S. 70-92, hier: S. 79.

zu retten und riss auch die übrigen Anbieter mit in den Untergang.[129]

Genau wie bereits 1977 versuchten die Hersteller dem rapiden Preisverfall durch die massenhafte Verschrottung von Konsolen und Spielen entgegenzuwirken. Diese Maßnahmen führten jedoch nicht zu dem gewünschten Erfolg und die Käufer wandten sich Scharenweise von der Videospielindustrie ab. Der Markt für Videospiele gestaltete sich Anfang der 1980er Jahre zudem als recht unübersichtlich, da mitunter wöchentlich neue Systeme erschienen, die mit anderen nicht kompatibel waren. Die Käufer waren verunsichert, welches System ihnen das bieten konnte wonach sie suchten und reagierten mit Zurückweisung auf die Flut an Videospielkonsolen.

Massenentlassungen waren die Folge des Crashs, der alleine dem Marktführer Atari einen Verlust von über einer halben Milliarde Dollar einbrachte. Auch zahlreiche kleinere Geschäfte, die sich auf Videospiele spezialisiert hatten mussten schließen oder Konkurs anmelden. Während die Folgen des Crashs in den USA und, mit einiger Zeitverzögerung, auch in Westeuropa am deutlichsten zu spüren waren, blieben sie in Japan fast völlig wirkungslos. Hier hatte sich bereits früh eine eigene Videospielindustrie herausgebildet, die sich unabhängig von der in Nordamerika entwickelte und daher auch nicht von deren Misserfolgen betroffen war.

Insbesondere die Firma Nintendo konnte sich ab 1985 einen Marktanteil von 90% in Nordamerika erkämpfen. Grund hierfür war die totale Kontrolle über die veröffentlichten Spieletitel für die Videospielkonsole NES. Nintendo setzte konsequent auf Qualität statt Quantität und brachte somit eine Vielzahl erfolgreicher und innovativer Spiele auf den Markt. Mit dem Spiel „Super Mario Bros." gelang es Nintendo schließlich die tiefe Rezession der Videospielindustrie zu überwinden und die Erfolge Ataris sogar noch zu übertreffen.

Konkurrenz entstand Nintendo erst ab 1987, als das japanische Unternehmen Sega ebenfalls auf dem Weltmarkt tätig wurde. Bis Mitte der 1990er Jahre beherrschten diese beiden Unternehmen den Markt für Videospiele nahezu uneingeschränkt.

Neben den Anbietern aus Fernost waren die Hersteller von Homecomputern die Gewinner des Crashs von 1983. Durch ihre vielfältigen Einsatzmöglichkeiten und die Möglichkeit eigene Programme auf ihnen zu schreiben, gewannen sie schnell an Beliebtheit. Trotz ihres ursprünglich universelleren Gebrauchszwecks nutzten die meisten Käufer die Rechner jedoch zum Spielen. Diesen Umstand nutzten viele Softwarefirmen, indem sie Konsolenspiele auf Homecomputersysteme umsetzten und somit die Verluste aus dem Zusammenbruch des Konsolenmarktes mindern konnten.

Durch eine aggressive Preispolitik gelang es Commodore zum Marktführer aufzusteigen und

129 Vgl. Ollmann, Klaus; Frank, Guido, Erinnerungen eines Atari-Managers. Ein Briefwechsel mit Klaus Ollmann (Teil 2), in: Retro - Das Kulturmagazin für Computer, Videospiele und mehr, 16 (Sommer 2010), S. 16-19, hier: S. 18.

Homecomputer für private Anwender erschwinglich zu machen. Innerhalb von zwei Jahren senkte das Unternehmen den Preis für ihr Erfolgsmodell C 64 um zwei Drittel.

Bis weit in die Mitte der 1990er Jahre blieben die Homecomputer eine ernstzunehmende Konkurrenz für die PC's. Diese konnten jedoch durch verbesserte Hardwareleistungen und die Einführung benutzerfreundlicher Betriebssysteme die Homecomputer letztendlich gänzlich vom Markt verdrängen.

Literaturverzeichnis

Computer im Haushalt. Der Markt der Home- und Personalcomputer, Videospiele und BTX-Geräte, Berlin 1983.

Der böse Otto und ein verrücktes Huhn. Der Boom der Videospiele, in: Der Spiegel, 19(1983), S. 48–49.

Goldrand verblaßt, in: Der Spiegel, 48 (1983), S. 215–217.

Berndt, Jürgen, Bildschirmspiele. Faszination und Wirkung auf die heutige Jugend, Münster 2005.

Bertelmann, Andreas, Auf Ataris Spuren. Zurück in die Vergangenheit, zurück nach Sunnyvale (Teil 1), in: Retro - Das Kulturmagazin für Computer, Videospiele und mehr, 11 (Frühling 2009), S. 16–21.

Blumenschein, Peer; Blumenschein, Ulrich, Video-Spiele. Tips und Strategien, wie man sie meistert - Ratschläge für den Kauf, München 1982.

de Meyer, Gust; Malliet, Steven, The History of the Video Game. in: Goldstein, Jeffrey; Raessens, Joost (Hrsg.), Handbook of Computer Game Studies, Cambridge 2005, S. 23–46.

Eymann, André, Please insert Coin. Das Verschwinden der Videospielautomaten in Deutschland, in: Retro - Das Kulturmagazin für Computer, Videospiele und mehr, 5 (Herbst 2007), S. 42–45.

Forster, Winnie, Spielkonsolen und Heimcomputer 1972-2009, Utting 2009.

Frank, Guido, Vectrex. Stecker rein, schon gehts los!, in: Retro - Das Kulturmagazin für Computer, Videospiele und mehr, 11 (Frühling 2009), S. 22–25.

Frank, Guido; Ollmann, Klaus, Erinnerungen eines Atari-Managers. Ein Briefwechsel mit Klaus Ollmann (Teil 1), in: Retro - Das Kulturmagazin für Computer, Videospiele und mehr, 15 (Frühling 2010), S. 18–21.

Fritz, Jürgen, Videospiele zwischen Faszination, Technik und Kommerz, in: Fritz, Jürgen (Hrsg.), Programmiert zum Kriegspielen. Weltbilder und Bilderwelten im Videospiel, Bonn 1988, S. 70–92.

Fust, Philipp, Die Evolution der Shoot´em Ups. Von Space Invaders bis DoDonPachi Dai-Fukkatsu, in: Retro - Das Kulturmagazin für Computer, Videospiele und mehr, 14 (Winter 2009/2010), S. 36–52.

Gernert, Wolfgang; Stoffers, Manfred, Das Gesetz zum Schutze der Jugend in der Öffentlichkeit. Kommentar. Hamm 1985.

Greenfield, Patricia Marks, Kinder und neue Medien. Die Wirkungen von Fernsehen, Videospielen und Computern, München 1987.

Heidtmann, Horst, Computer- und Videospiele: Vom Ping Pong zu unendlichen Geschichten, in: Wild, Reiner (Hrsg.), Geschichte der deutschen Kinder- und Jugendliteratur. Stuttgart 1990, S. 429–434.

Heßburg, Michael, Philips G 7000. Das System der unbegrenzten Möglichkeiten, in: Retro - Das Kulturmagazin für Computer, Videospiele und mehr, 16 (Sommer 2010), S. 26–31.

Huff, Hartmut, Das grosse Handbuch der Video-Spiele. München 1983.

Hüsers, Francis, Ein verpöntes Vergnügen. Eine soziologische Studie zu Automatenspielen in Deutschland, Düsseldorf 1993.

Keichel, Christian, Girls in Games. Die Geschichte der Geschlechterkonstruktion im Videospiel, in: Retro - Das Kulturmagazin für Computer, Videospiele und mehr, 5 (Herbst 2007), S. 35–39.

Keichel, Christian, Wie die Pixel laufen lernten. Versuch einer Definition des Jump´n´Run-Genres anhand seiner Wurzeln, in: Retro - Das Kulturmagazin für Computer, Videospiele und mehr, 15 (Frühling 2010), S. 42–49.

Keichel, Christian, Spielfilme und Filmspiele. Wie sich Computerspiele und Filme gegenseitig beeinflussen, in: Retro - Das Kulturmagazin für Computer, Videospiele und mehr, 16 (Sommer 2010), S. 44–51.

Lischka, Konrad, Spielplatz Computer. Kultur, Geschichte und Ästhetik des Computerspiels, Hannover 2002.

Loftus, Elizabeth F.; Loftus Geoffrey R., Mind at play. The Psychology of Video Games. New York 1983.

Lukesch, Helmut, Jugendmedienstudie. Verbreitung, Nutzung und ausgewählte Wirkungen von Massenmedien bei Kindern und Jugendlichen. Eine Multi-Medien- Untersuchung über Fernsehen, Video, Kino, Video- und Computerspielen sowie Printprodukte. Regensburg 1990.

Lunkeit, Kai, 25 Jahre Tron, in: Retro - Das Kulturmagazin für Computer, Videospiele und mehr, 5 (Herbst 2007), S. 31–33.

Maaß, Jürgen; Pachinger Karin, Computerspiele - Einstieg in die Bildschirmwelt?, in: Schartner Jürgen; Maaß Christian (Hrsg.), Computerspiele - (un)heile Welt der Jugendlichen?, München 1993, S. 11–24.

Meck, Wolfgang, CBS ColecoVision. Ein revolutionäres Videospielsystem, in: Retro - Das Kulturmagazin für Computer, Videospiele und mehr, 14 (Winter 2009/2010), S. 22–24.

Mergen, Armand, Grausame Automatenspiele. Eine kriminologische Untersuchung über Kriegsspiele und Kriegsspielautomaten, Weinheim 1981.

Ollmann, Klaus; Frank, Guido, Erinnerungen eines Atari-Managers. Ein Briefwechsel mit Klaus Ollmann (Teil 2), in: Retro - Das Kulturmagazin für Computer, Videospiele und mehr, 16 (Sommer 2010), S. 16–19.

Piascki, Stephan, Arcadia 2001. Eine Konsole mit vielen Gesichtern, in: Retro - Das Kulturmagazin für Computer, Videospiele und mehr, 15 (Frühling 2010), S. 26–31.

Sautner, Oliver, Der Weg des Klempners, in: Retro - Das Kulturmagazin für Computer, Videospiele und mehr, 15 (Frühling 2010), S. 50–55.

Seeßlen, Georg; Rost, Christian, Pac Man & Co. Die Welt der Computerspiele, Reinbek1984.

Trefzger, Dirk, Brettspiel: Donkey Kong, in: Retro - Das Kulturmagazin für Computer, Videospiele und mehr, 15 (Frühling 2010), S. 32–33.

Turkle, Sherry, Die Wunschmaschine. Vom Entstehen der Computerkultur, Reinbek 1984.

Wolf, Mark, The Medium of the Video Game, Austin 2003.

www.ingramcontent.com/pod-product-compliance
Lightning Source LLC
LaVergne TN
LVHW052124070326
832902LV00038B/3938

* 9 7 8 3 9 5 6 8 4 4 8 1 2 *

ISBN 978-3-95684-481-2

Bachelor + Master Publishing
diplom.de

Diplomica Verlag GmbH
Hermannstal 119k
22119 Hamburg

info@diplom.de